KB202201

기획의 고수는
관점이 다르다

기획의 고수는
관점이 다르다

아이디어를 돈으로 만드는 실전 기획

— 박경수 지음 —

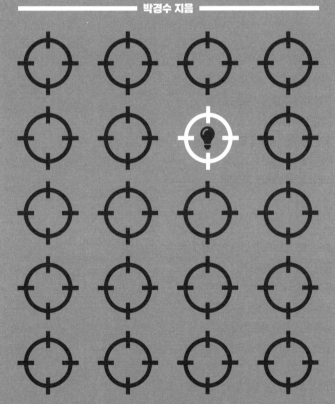

반니

차례

Prologue 기획에 정답은 없어도 지름길은 있다   7

1장 기획은 무에서 유를 창조하는 것이 아니다

1. 점심 뭐 먹지?   14
2. 프레임이 없으면 기획도 없다   19
3. 기획은 퍼즐이다   23
4. 좋은 기획은 구글에 없다   28
 • 기획자를 위한 질문 1   34
 • 기획력 훈련: 나에게 기획은 _____다   35

2장 Viewpoint – 관점이 기획을 결정한다

1. 핫트랙스에서 라면 팔면 안 돼?   38
2. 질문으로 관점 바꾸기   43
3. 문제를 제대로 파악하고 있는가   49
4. 관점에 따른 세 가지 문제 유형   54
5. 올바른 관점은 팩트에서 나온다   63
6. 가설, 관점에 따른 결과를 예상하라   69
 • 기획자를 위한 질문 2   75
 • 기획력 훈련: 어떤 질문을 던질 것인가?   76

3장 One Message – 관점을 엮어 의미를 찾다

1. 복잡한 생각을 정리하는 법   80

2. 현장과 고객의 관점에서 메시지가 나온다   87

3. 거시적 관점에서 자료를 수집하라   94

4. 관점을 구조화하는 로직트리   100

5. 발산이 아니라 수렴해야 핵심이 보인다   107

6. 콘셉트의 핵심, 관점 차별화   113

• 기획자를 위한 질문 3   121

• 기획력 훈련: '5Why'의 핵심은 무엇인가?   122

4장 Story – 관점에 이야기를 입히다

1. 스토리 전개의 기본 공식   126

2. 머릿속 생각을 하나의 스토리로 만든다   133

3. 대상의 관점에 따라 다른 스토리   141

4. '하지만'으로 관점을 전환하자   147

5. 세 가지 관점은 항상 옳다   154

6. 관점에 우선순위 매기기   161

7. 에토스+파토스+로고스=설득   167

• 기획자를 위한 질문 4   171

• 기획력 훈련: 관점 있는 스토리를 만들어본다면?   172

5장 원 페이지 기획서, 핵심은 관점이다

1. 상대에게 어떤 가치를 줄 것인가?   176
2. 관점이 있는 요약 정리가 핵심   181
3. 질문을 통해 구체화하자   187
4. 어떤 흐름으로 제시할 것인가?   195
5. 시각화로 관점 표현하기   200
6. 비주얼 스토리 그리기   206
7. 숫자의 핵심은 비교 관점   211
8. 어떤 선택지를 제시할 것인가?   217
9. 원 페이지 기획서, 품질보다 속도   223
 • 기획자를 위한 질문 5   228
 • 기획력 훈련: 원 페이지 기획서를 작성해보자   229

Epilogue 당신의 기획에는 어떤 관점이 있는가?   232
주석   236
그림 출처   241

기획에 정답은 없어도 지름길은 있다

기획은 어렵다. 정해진 툴이나 방법도 없고 어떤 기획이 옳다고 말하기도 어렵다. 그래서인지 할 때마다 어렵게만 느껴진다. 처음 기획 관련 책을 썼을 때도 기획을 어떻게 정의해야 할까 고민했다. 그나마 보고서는 정형화된 틀이 있어서 방향을 잡기가 쉽지만 기획은 도무지 방향을 잡기가 쉽지 않다. 사실 한 권의 책도 기획인데 말이다.

그동안 나는 컨설팅, 강의, 코칭을 하면서 기획을 어떻게 바라봐야 하는지 고민했다. 그 결과, 이렇게 결론을 내렸다.

기획 = 관점

그런데 관점은 그냥 만들어지는 게 아니다. 어떤 주제를 어떻게 바라볼지에 대한 고민이 있어야 한다. 이 고민은 분석을 위한 프레임을 만들어준다. 관점과 프레임이 없다면, 수많은 자료를 하나로 통일성 있게 꿰지 못하고 조각조각 나열해놓은 자료집을 만들기 쉽다. 회사에 얼마나 많은 자료집이 있던가. 그렇게 되는 순간, 기획은 사라지고 하나의 종이 덩어리만 남게 된다.

이 책에서 내가 하고 싶은 이야기는 관점과 프레임이다. 기획책에 자주 등장하는 MECE, 로직트리도 사실은 어떤 관점을 가지고 있느냐가 중요하다. 많은 사람이 수많은 기획, 보고서 작성 강의를 듣고도 MECE와 로직트리를 제대로 활용하지 못하는 이유다. 자신만의 관점이 있어야 MECE를 할 수 있고 로직트리도 제대로 그릴 수 있다.

이번 CES 2020[1]에서 삼성과 LG는 식물재배기를 공개했다. 이 식물재배기는 냉장고만 한 크기인데 집에서 채소를 재배해서 먹을 수 있는 제품이다. 이 제품에 씨앗, 토양, 비료만 넣으면 자동으로 채소가 자라고 필요할 때 먹을 수 있다. 만약 여러분이 제품의 콘셉트를 설정해야 한다면 어떤 콘셉트를 제시하겠는가?

기업에서는 수많은 제품과 서비스의 콘셉트를 설정한다. 그런데 이 콘셉트가 단순히 제품의 기능과 특성만 맞추면 잘 나올 수 있을까? 혹은 무조건 고객 관점에서만 생각하면 될까? 기획은 프레임이고 자신만의 관점이 있어야 한다고 이야기했다. 일단은 이 제품을 어떤 관점에서 바라보는지가 중요하다. 한 기사에는 이 제품에 대해 "집 안에 텃밭을… 신가전 '식물재배기'"라는 제목을 붙였다. 여기에도 관점이 담겨 있다. 다음 중 어떤 관점일까?

☑ 고객의 라이프스타일

☑ 첨단 IT 생활가전

☑ 주말농장 같은 텃밭 체험

☑ 유기농 채소

☑ 혹은 이런 관점들의 결합

　'집 안에 텃밭을'에는 주말농장 같은 텃밭 체험과 '신가전'에는 첨단 IT 생활가전이라는 관점이 담겨 있다. 기존에 출시된 교원그룹의 식물재배기 '웰스팜'은 '식탁농장'이 콘셉트로, 주말농장처럼 집에서 길러 먹어보자는 생각에서 출발했다. 웰스팜은 삼성과 LG의 제품과 달리 전자레인지보다 크지만 냉장고보다

그림 1. LG에서 출시한 식물재배기

는 작다. 그래서 콘셉트에 '식탁'이라는 말이 들어간 것이다. 최근에는 '키즈팜'을 선보였는데, 교육의 관점이 추가되었다. 이처럼 어떤 관점에서 보느냐에 따라 제품의 콘셉트가 달라진다. 콘셉트가 달라지면 제품의 서비스도 달라지고 고객의 가치도 달라진다.

자신만의 관점이 잡히지 않으면 고객들이 제품을 어떻게 바라보기를 원하는지에 대한 콘셉트도 잡히지 않는다. 그렇다고 무조건 자기 생각대로만 기획한다고 해서 기획이 되지는 않는다. 기획은 하나의 틀을 잡는 과정이지만 결국 실행으로 연결되어야 기획의 마침표를 찍을 수 있기 때문이다.

그래서 나는 이 책에서 기획의 공식으로 V.O.S.를 제시했다. V.O.S.는 관점Viewpoint, 하나의 메시지One Message, 스토리Story를 뜻한다. 기획의 고수는 V.O.S.를 잘 활용한다.

책은 크게 다섯 개의 장으로 구성되어 있다. 1장에서는 기획을 어떻게 바라봐야 하는지, 프레임과 관점이 기획에서 왜 중요한지를 다루었다. 특히 자기 생각의 중요성을 알아봤다.

2장에서는 기획 공식의 첫 번째 타자인 관점에 대해 구체적으로 다루었다. 특히 'A가 아니라 B다'라는 관점 공식이 어떻게 기획에 적용되는지 살펴보았다. 특히 기획의 실무적인 측면과 연계하여 기획의 이슈나 문제점을 다룰 때 어떻게 활용될 수 있는지를 제시했다.

3장에서는 두 번째 타자인 하나의 메시지를 찾는 방법을 다루었다. 하나의 메시지는 결국 콘셉트다. 하지만 같은 자료를 분석해도 사람마다 콘셉트가 다르게 나올 수 있다. 어떤 관점을 가지고 자료를 엮느냐에 따라 메시지가 다를 수밖에 없기 때문이다. 그래서 하나의 메시지는 관점과 관점의 결합이다. 하수는 단순히 자료 내용만 정리하지만 고수는 관점에 따라 자료를 재구성한다. 그리고 한 단어를 찾는다.

4장에서는 세 번째 타자인 스토리를 다루었다. '관점 + 논리 = 스토리'라는 공식을 하나씩 풀어냈다. 분석만 잘한다고 좋은 기획이 되지 않는다. 기획이 실행되려면 끌리는 스토리가 있어야 한다. 어떻게 스토리를 구성하느냐에 따라 기획의 반응이 달라지기 때문이다. 누군가를 쉽게 설득하고 싶다면, 상대의 프레임이 아니라 나의 프레임 안에서 이야기가 되도록 스토리를 구성해야 한다.

마지막 5장에는 원 페이지 기획서의 작성법에 대해 담았다. 1장부터 4장까지 이야기한 프레임과 관점이 실제 원 페이지 기획서에 어떻게 적용될 수 있는지를 보여주었다. 수십 장의 기획서보다 원 페이지 기획서가 어려운 이유는 딱 하나다. 주장을 하나의 방향에 맞춰 제시해야 하기 때문이다. 기획서가 한 장으로 정리되지 않는다면 관점이 제대로 설정되지 않았다는 의미다.

이 책은 단순히 기획서 작성의 스킬을 담은 책이 아니다. 기획서 작성 스킬은 시중에 나온 책만 봐도 충분하다. 몇 권만 사서 툴과 방법을 공부하고 적용해보면 된다. 하지만 그 툴과 방법을 안다고 해서 기획력이 높아지지 않는다. 그랬으면 우리는 모두 기획의 고수가 되었을 것이다.

기획에 정답은 없어도 지름길은 있다. 그 지름길은 자신의 관점을 먼저 연마하는 것이다. 어떤 기획을 하든지 화려한 PPT보다 자신이 어떤 관점을 가졌는지가 중요하다. 누군가의 기획이나 제안을 평가해본 사람이라면, 프레임과 관점이 얼마나 중요한지 알고 있다. 업무 경력이 쌓이면 기계적으로 문서를 만드는데, 이제부터 단 1분이라도 기획의 본질에 대해 고민해보자. 그러면 기존과 확연히 달라진 기획이 나올 것이고, 그게 이 책이 바라는 점이다. 기획의 고수가 되는 길은 멀지 않다.

1장

기획은 무에서 유를
창조하는 것이 아니다

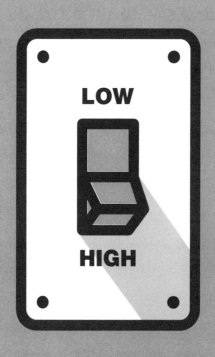

1. 점심 뭐 먹지?

직장인의 고민 중 하나는 "점심, 뭐 먹지?"다. 점심 메뉴를 추천하는 애플리케이션이 있는 것만 봐도 알 수 있다. 그런데 고달픈 직장생활의 유일한 낙 중 하나인 점심시간은 사실 기획력을 높일 수 있는 가장 좋은 시간이다. 거리에는 수많은 점포가 있고 매일 점포가 문을 여닫는데, 그 이유를 탐색하다 보면 자연스레 기획력이 높아질 수 있다. 우리는 "이 식당, 없어질 줄 알았어" 또는 "이 가게 잘될 줄 알았다니까"라는 말을 무의식중에 자주 한다. 이런 말은 우리가 머릿속으로 자신도 모르는 사이 한 장의 기획서를 작성하고 있다는 것을 보여준다.

회사 앞에 한식당과 중식당만 있고 카페가 한두 개밖에 없다고 생각해보자. 그런데 회사 주변에는 20층 이상의 고층 빌딩과 곳곳에 콜센터가 있다. 때마침 근처에 베이커리 매장이 생겼고 '저 베이커리 매장은 정말 잘될 거야'라고 생각했다면, 머릿속으로 어떤 기획서를 그리고 있을까? 회사 옆에 베이커리 매장을 연다는 생각으로 기획서를 한번 생각해보자. 일단 이렇게 생각해보면 좋을 것 같다.

1. 현재 상황은 어떤가? 상권, 고객의 니즈 등을 생각해보자.
2. 이슈는 무엇일까? '왜'를 생각하면서 문제가 무엇인지 고민해보자.
3. 해결 방안은 무엇일까? 이슈를 해결할 대안은 무엇인지 찾아보자.

머릿속에 어떤 그림이 그려지는가? 요즘 커피와 베이글 등으로 간단하게 아침을 해결하는 사람이 많아서 머릿속으로 상상하는 게 어렵지 않을 것이다. 아마도 다음과 같은 기획의 큰 그림이 그려지지 않을까?

베이커리 매장 개장의 필요성 기획

[상권 현황] 회사 주변에는 한식과 중식만 있고 간단히 먹을 만한 음식이 없다.
[고객 니즈] 직장인들은 아침을 간단히 먹는다. 특히 여성들은 커피와 빵을 좋아한다.
[핵심 질문] 여성 직장인이 많고 간소한 아침을 선호하는 사람도 많은데, 왜 베이커리 매장이 없을까?
[결   론] 여성들을 공략할 베이커리 매장을 하나 개장하면 좋을 것 같다.

이번에는 반대로 김치찌개 식당이 폐점했다고 생각해보자. 폐점한 김치찌개 식당은 다른 한식당과 다를 게 없고 김치찌개 전문점이지만 김치찌개 외에도 여러 메뉴가 있다. 이런 상황에 김

치찌개 음식점의 폐점 이유는 다양하다. 가장 먼저 드는 생각은 무엇일까? 김치찌개의 맛이 가장 큰 이유라고 생각해보자. 폐점한 음식점은 김치찌개 맛도 없고 다른 음식점과 차별화된 양념이나 재료를 사용하지 않는다. 베이커리 매장과 마찬가지로 머릿속으로 기획안을 떠올려보자.

김치찌개 식당의 폐점 분석 기획

[핵심 질문] 김치찌개 식당이 폐점한 이유는 무엇일까?
[폐점 분석] 1) 음식점이 폐점하는 이유는 맛, 서비스, 가격, 상권이다.
         2) 김치찌개 식당은 목이 좋고 서비스도 좋았다. 가격도 저렴했다.
         3) 하지만 김치찌개 맛이 너무 없었다.
[결   론] 김치찌개 음식점은 음식의 기본인 맛 때문에 폐점했다.

  기획은 자기 생각을 체계적으로 정리하면 된다. 이를 위해서는 일상의 변화를 그냥 지나치기보다는 자신만의 관점으로 변화의 이유를 생각해봐야 한다. 변화에는 항상 이유가 존재하기 때문이다. 그것이 기획에서 항상 강조하는 'Why'이다.

  식당 사례를 조금 더 이야기해보겠다. 점심을 먹으려고 음식점에 들어왔다고 생각해보자. 주문한 음식을 기다리면서 기획력을 높이려면 어떤 생각을 하는 게 좋을까? 먼저 음식점의 서비스, 서비스 속도, 메뉴 구성, 자리 회전율 등을 생각해볼 수 있다. 같이 밥을 먹는 친구가 "이 식당은 회전율이 꽤 되겠는데……. 한 2~3회전 정도"라고 말했다고 생각해보자. 친구가 말한 식당의 회전율을 생각할 때, 이 식당은 수익을 내고 있을까? 식사 시간을 1시간에서 1시간 반 내외라고 한다면 식당은 수익을 내는 게 맞다. 식사하는 데 보통 30분 정도 시간이 걸린다고 생각한다면 말이다. 점심에 2회전 이상이면 주변 식당 대비 경쟁력도 있어서 저녁 시간에도 운영이 잘될 것이다. 사소해 보이지만 이런 분석은 기업에서 이뤄지는 기획과 별반 다를 게 없다.

우리는 흔히 좋은 아이디어는 3B에서 나온다고 말한다. 3B란 목욕bath, 침대bed, 버스bus로 기발한 아이디어는 목욕탕에서 샤워하거나 잠들기 전 잠자리에서, 버스를 타고 아무 생각 없이 창밖을 바라보는 순간에 나온다는 이야기다. 즉, 아이디어는 특별하지 않은 일상에서 무심코 나온다는 말로 일상을 모르면 좋은 기획이 나올 수 없다는 말이기도 하다.

그런데 일상을 살아가는 우리 모두에게 좋은 기획이, 아이디어가 떠오르는 것은 아니다. 그럼, 어떻게 해야 일상 속에서 좋은 기획을 만들어낼까? 바로 일상을 바라보는 시선이다. 일상을 어떻게 바라보느냐에 따라 좋은 아이디어가 나올지 안 나올지가 결정된다. 일상을 관찰하는 자기만의 시각이 필요하다. 예를 들어, 앞서 음식점의 경쟁 요소로 맛, 서비스, 가격, 상권을 들었는데 꼭 이 네 가지만 있을까? 또 다른 요소는 없을까? 부모들이 식사할 때, 아이들이 놀 수 있는 놀이시설 같은 것도 있지 않을까? 이런 요소는 기존의 정해진 틀에서 생각하면 쉽게 떠오르지 않는다. 우리가 기존에 놓치고 있던 부분을 찾아내려면 일상을 바라보는 자신만의 시선이 있어야 하고, 이러한 차별화된 관점이 새로운 아이디어와 좋은 기획을 만들어낸다.

기업들은 경기가 어려울수록 살아남고자 새로운 먹거리를 찾는다. 매년 출간되는 트렌드 관련 서적은 기업들이 새로운 먹거리를 탐색하는 기본 재료로서, 미래 트렌드를 보고 고객들의 라이프스타일을 분석하여 신사업을 찾는다. 기업의 기획 파트에서 일하는 직장인들은 수많은 기획서를 작성하는데, 자신만의 시각이 없다면 트렌드 서적에 있는 내용을 그대로 옮겨놓은 거나 다름없게 된다. 어느 기업에서나 적용 가능한 '보통의 기획'이 된다. 일상을 관찰하고 '왜'를 생각했다면 자신만의 관점으로 다시 생각하고 분석할 때 더 좋은 기획이 시작될 수 있다. 그게 '보통의 기획'에서 '관점이 있는 기획'으로 가는 길이다.

2. 프레임이 없으면 기획도 없다

기획은 현상을 이해하고 방향을 설정하는 작업이다. 현상을 이해할 때 중요한 것은 무엇일까? 자료에 대한 정밀한 분석? 현상 밑에 숨겨진 본질? 모두 다 중요하다. 하지만 더 중요한 것은 "내가 지금 일어나고 있는 일을 어떻게 보느냐?"이다. 현재 일어나고 있는 상황을 보이는 그대로만 본다면 의미 있고 획기적인 기획이 나올 수 있을까?

예를 들어, 어떤 지역에 자동차 사고가 빈발하게 일어나는데 단순히 사고율이 증가하고 있다는 그 현상만으로 좋은 기획이 나올 수 있을까? 그렇지 않다. 그 현상을 어떤 관점에서 보느냐가 중요하다. 운전자가 졸음운전을 할 수밖에 없는 지역인가? 도로가 일시적인 착시현상을 일으키는 구조는 아닌가? 도로 주변이 항상 날씨가 좋지 않아서 안개가 빈번하게 발생하는가? 예시의 첫 번째는 운전자의 관점에서, 두 번째는 도로의 구조적 측면에서, 세 번째는 지역(위치) 측면에서 접근한 사항이다. 어떤 측면에서 접근하느냐에 따라 이 현상에 대한 문제점과 해결 방안도 달라진다. 이것은 동일한 현상을 보고도 서로 다른 기획이 나올 수 있다는 의미다.

여기에서 핵심은 프레임이다. 다음 [그림 2]를 한번 보자. 어떻게 보이는가?

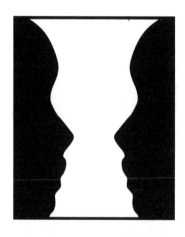

그림 2. 얼굴 혹은 꽃병 착시 이미지

시선을 한가운데에 집중하면 꽃병이나 혹은 무언가를 담을 수 있는 잔처럼 보인다. 그런데 시선을 옆으로 살짝만 확대해보자. 어떻게 보이는가? 마주 보고 있는 사람의 얼굴이 보일 것이다. 네모 안에는 분명 하나의 그림만 있지만 어디에 시선을 두느냐에 따라 두 개의 다른 그림이 보인다. 이게 바로 프레임이다. 가까이서 보면 꽃병, 멀리서 보면 사람 얼굴로 보이는 이 착시현상을 인지적인 측면에서 설명하기도 한다. 하지만 본질은 자신이 어떤 프레임으로 대상을 보느냐에 따라 동일한 현상도 다르게 보인다는 것이다. 맥락이 달라지기 때문이다.

고등학교를 졸업할 때, 나는 어쩌면 꽃병의 프레임에서 세상을 본 것 같다. 졸업을 하면 마치 새로운 세상이 펼쳐질 거라고 생각했다. 그런데 대학을 졸업하고 직장에 들어가 결혼을 하고 아이를 키우다 보니 고등학교 졸업은 삶의 수많은 단계 중 겨우 하나일 뿐이었다. 세상을 바라보는 시야가 넓어진 것이다. 고등학교를 졸업할 때는 바로 눈앞의 미래만 봤다. 그런데 시간이 흐르면서 삶이라는 큰 틀에서 보니 거기에는 수많은 계단이 있었고, 그 계단 중 하나를 밟고 올라간 것뿐이었다.

기획도 마찬가지다. 기획을 할 때 사람들은 수많은 자료를 수집하고 분석하는데, 이때 프레임과 맥락이 중요하다. 정보를 곧이곧대로만 분석하면 숨어 있는 행간의 의미를 찾기 어렵다. 예를 들어, '추억'이라는 키워드를 분석했는데 고향, 사진, 오락실이 나왔다고 생각해보자. 단순히 "저 단어들은 추억이라는 키워드와 연관이 있습니다"라고만 말하면 끝나는 것일까? 과연 그것만으로 올바른 기획이 될 수 있을까?

추억-고향, 추억-사진은 설명을 하지 않아도 쉽게 이해가 된다. 그런데 오락실은? 추억과 관련하여 응답한 사람의 연령대, 거주지 등을 이해해야 오락실이 왜 추억인지를 알 수 있다.

예전의 오락실은 동네 아이들의 놀이터여서 '추억'이라는 의미로 다가온다. 하지만 오락실을 경험해보지 못한 사람에게 오락실은 어떤 의미일까? 과거와 같은 동네 놀이터일까? 그들에게 오락실은 동네 놀이터가 아니라 대형 쇼핑몰 안에 있는 하나의 엔터테인먼트 매장일 뿐이다. 지금은 대부분 게임을 스마트폰이나 태블릿 같은 IT 기기로 하기 때문이다. 이처럼 사람들의 시각에 따라 오락실의 의미가 달라진다.

사실 자신이 조사하지 않은 모든 가공된 자료에는 작성자의 관점이 담겨 있다. 세상에 존재하는 모든 이야기를 담을 수 없기 때문에 작성자의 시각, 가치관에 따라 정보가 걸러진다. 그래서 기획을 할 때는 자료를 작성한 사람의 시각을 이해하고 나의 관점(프레임)으로 재해석하는 것이 필요하다. 그렇지 않으면 나의 시각은 없고 다른 사람의 시각만 있는 기획이 된다. 맥락도 모르면서 말이다.

여러분은 지금까지 어떤 기획을 해왔는가? 혹시 주제에 맞는 자료를 찾는 데만 급급했는가? 아니면 자료를 그저 자르고 붙이기만 했는가? 그게 아니라면 자료에 담긴 실제 의미를 파악하고 자신의 관점에서 재해석한 후에 기획했는가? 주변에는 이미 수많은 자료가 있지만, 다른 관점에서 작성된 자료를 제대로 파악해 자신의 관점으로 가져와야 한다. 그렇지 않으면 잘못된 분석을 하면서도 그 사실조차 모를 수 있다.

3. 기획은 퍼즐이다

집에 있는 고가의 가전 제품 중 하나가 냉장고다. 냉장고는 대부분 부엌에 있지만, 부엌과 거실의 구분이 명확하지 않은 현재의 집 구조에서는 언제나 우리의 시선 안에 들어와 있다. 그런데 오랜만에 새집으로 이사 갈 때면, 냉장고가 트렌드에 뒤처져서 새로 사고 싶은 적이 많을 것이다. 하지만 냉장고 가격이 만만치 않아 새집의 구조나 분위기에 맞지 않아도 계속 사용하는 경우가 종종 있다.

이런 이유 때문일까? 얼마 전 삼성전자는 'BESPOKE'라는 맞춤형 냉장고를 선보였다. 이 냉장고는 홍보 문구에서 볼 수 있듯이, "가구를 맞추듯 가전을 맞추다"라는 콘셉트를 가지고 있다. 냉장고 또한 집의 공간 구성에 맞게 맞출 수 있다는 뜻이다. 그래서 이 냉장고는 가족 수에 따라 1도어부터 4도어까지 구성이 다양하며, 냉장고 문의 색상과 재질도 취향에 따라 디자인할 수 있다.

그림 3. 삼성전자의 BESPOKE 냉장고

그런데 '이게 기획하고 무슨 상관이지?'라고 생각할지도 모르
겠다. 이 냉장고는 용량과 기능 중심에서 벗어나 공간에 초점을
두었다.[1] 우리 집의 공간에 맞춰 어떻게 냉장고를 디자인하면 좋
을지를 생각한 것이다. 기획 또한 이와 같다. 일단 자신이 생각
하는 큰 그림 혹은 틀이 있어야 기획이 이루어진다. 그렇지 않으
면 단편적인 조각에만 중점을 두어 기획을 하게 되고, 결국 기획
은 방향을 잃고 만다.

그래서 기획은 퍼즐과 같다. [그림 4]와 같은 퍼즐이 있다고
생각해보자. 이 퍼즐은 1,000피스에 그림도 없고, 색깔은 모두
하얀색이다. 이런 퍼즐을 맞춘다고 하면 어떤 생각이 들까? 눈앞
이 캄캄해지고 '이걸 왜 해야 하지?'라는 생각이 들 것이다. 아찔

그림 4. 하얀 퍼즐

하다!

이 퍼즐처럼 기획이란 아무것도 없는 백지장에 그림을 그리는 일이다. 그러다 보니 기획에 익숙하지 않은 직장인들은 기획서 한 장 만드는 일이 죽고 싶을 정도로 힘들다. 그러지 않겠는가? 아무것도 없는데 자꾸 뭔가를 만들어내라고 하니 그보다 힘든 일이 또 있을까?

그런 면에서 정말 기획은 하얀 퍼즐과 같다. 이런 퍼즐을 잘 맞추려면 어떻게 해야 할까? 일반 퍼즐을 생각하면 좀 더 쉽다. 일반 퍼즐에는 사각형 틀이 있고, 그 안에 그림이 그려져 있어서 그림을 상상하며 퍼즐을 하나씩 하나씩 맞춰가면 된다. 하얀 퍼즐도 일단은 4면의 틀부터 맞추면 쉽다. 퍼즐 조각이 단편적인 자료라면 틀을 만들어 퍼즐조각을 맞춰가는 과정은 기획이다. 기획도 큰 그림을 가지고 여러 사실을 조합하기 때문이다.

퍼즐을 잘 맞추는 사람은 퍼즐 조각을 색깔별로 모아놓고 퍼즐을 맞춘다. 만약 한 번 맞췄던 퍼즐을 다시 한다면 어떨까? 이미 맞췄기 때문에 머릿속에는 퍼즐의 전체 그림이 있어서 빠르게 퍼즐 조각을 맞출 수 있다. 처음과 달리 조각들의 특성에 집중하지 않는다.

사실 퍼즐과 기획을 하는 데 필요한 역량에는 큰 차이가 없다. 한 퍼즐의 달인은 "스도쿠를 열심히 풀다 보면 자신도 모르는 사이에 논리력과 창의력이 발달하게 된다"라고 하였는데,[2] 사실 기획에도 논리력과 창의력이 필요하다. 자신의 주장을 논리적으로 펼친 기획서라야 상사를 쉽게 설득할 수 있기 때문이다. 또한 창의적 아이디어도 담겨야 기존 상품과는 다른 차별화를 이뤄 시장에서 성공할 수 있다. 이처럼 기획은 일종의 퍼즐과 같다.

다음은 한 자산운용사가 해외 투자 전략 회의에서 한 이야기로, '퍼즐 맞추기를 통해 큰 그림을 그려야 한다'고 강조한다.

세계 각국의 시장은 그 어느 때보다도 긴밀하게 연관돼 있기 때문에 기업이 속한 나라의 분석 자료만 봐서는 그릇된 판단을 내릴 수 있다. 세계 구석구석에서 나오는 정보들을 수집한 다음 퍼즐 맞추기를 하듯 큰 그림을 만들어내야 더 정확한 주가 전망이 가능하다.[3]

우리는 이처럼 '퍼즐'이라는 용어를 어떤 것을 짜 맞춰가면서 전체적인 그림을 그릴 때 자주 사용하는데, 기획 역시 큰 그림에 맞게 여러 자료를 짜 맞추는 것이다. 이때 자료의 짜 맞추기, 즉 퍼즐 맞추기의 핵심은 큰 그림, 틀(프레임)을 만드는 일이다. 틀을 만들었다면 조각들을 맞춰나가면서 처음에는 생각하지 못했던 멋진 기획으로 발전시켜보자. 단편의 조각들을 맞출 때는 '이게 될까? 제대로 하고 있는 걸까?'라는 생각이 들겠지만, 큰 틀만 잘 설정하면 어느 누구보다 멋진 기획이 나올 것이다.

4. 좋은 기획은 구글에 없다

기획의 고수에게 기획을 잘하는 방법을 물어보면 어떤 이야기를 할까?

"많은 기획서를 보라!"
"창의적인 생각을 해라."
"팩트 분석을 잘하면 된다."
"현장을 이해해라!"

어떤 것이 정답이라고 생각하는가? 위의 보기 중에 내가 생각하는 답은 없다. 기획의 고수는 기본적으로 '생각'에 집중한다. 문제를 다양한 관점에서 생각해보는 것이다. 기획서를 작성하는 구체적인 스킬이나 자료 분석 능력도 중요하지만, 스킬을 갖추고 다양한 분석 툴을 알고 있다고 해서 기획이 제대로 되는 것은 아니다. 문제에 대해 얼마나 깊이 고민했는가가 기획의 성패를 좌우한다.

만약 열심히 기획서를 작성해서 제출했는데 상사가 좋은 반응을 보이지 않았다면, 그 이유는 무엇일까? 정답은 이것이다.

"내 생각이 없다!"

기획서가 구조적으로 잘 짜여 있고 화려하게 작성되었더라도 자기 생각이 없다면, 결국 그 기획서는 화장만 요란하게 한 것밖에 안 된다. 다른 사람들이 이미 분석한 내용을 잘 정리해놨어도 마찬가지다. 자기 생각 혹은 관점이 없다면, 그 기획서는 자료집에 불과하다.

초연결 사회Hyper-connected Society[4]를 살아가는 지금, 자료는 이미 넘쳐난다. 그러다 보니 사람들은 점점 더 생각을 하지 않는다. IT 미래학자인 니콜라스 카Nicholas Carr가 말했듯이 우리는 '구글 제국'에 살고 있다.[5] 구글에는 없는 것이 없다. 어떤 기획을 위해 자료가 필요할 때, 구글을 검색하면 수많은 그래프와 PDF, PPT로 된 파일을 마음껏 다운로드할 수 있다. 분명 과거보다 더 효율적으로 자료를 찾을 수 있는 기반이 마련되어 있다. 그런데 어떤가? 과거보다 더 효율적으로 일하고 있다는 생각이 드는가? 과거보다 기획하는 데 시간이 더 적게 걸리는가? 그렇지 않다.

사람들은 구글 같은 검색 사이트에 정보를 의존하면서 자기 생각을 잃어버렸다. 이런 의존도가 심해질수록 사람들은 "굳이 이 문제에 대해 깊이 생각해야 하나?"라는 의문을 갖게 된다. 기획 관련 책에서 이런 이야기를 하는 게 어쩌면 이상하게 들릴지도 모르겠다. 기획하는 방법과 스킬을 알려주면 되지, 왜 프레임이니 관점이니 생각이니 하는 이야기를 하는지 말이다. 그러나 기획은 결국 자기 생각에서 시작되고, 자신이 어떤 생각을 하느냐에 따라 기획 방향도 달라지기 때문에 이러한 이야기를 할 수밖에 없다.

단적으로 보자. 누구나 동일한 자료에 접근할 수 있지만 어떤 사람은 훌륭한 기획서를, 어떤 사람은 형편없는 기획서를 가져온다. 단순히 목차 구성과 문서 작성 능력의 차이일까? 그 핵심에는 '생각'이 존재한다. 생각하지 않는 사람에게 기획은 너무도 힘든 일이 될 수밖에 없다.

앞서 이야기한 니콜라스 카는 구글, 네이버 같은 인터넷 사용으로 "사람들이 피상적으로 사고하게 된다"고 하였다.[6] 너무나 좋은 것들이 많다 보니 더는 생각하지 않는 것이다. 이제 사람들은 과거의 철학자처럼 '사색'을 즐기지 않는다. 주변 환경이 빠르게 변해서 그럴 시간이 없어서라고도 할 수 있다. 그런데 기획의 핵심은 '빠름'보다는 '방향'이다. 방향은 생각에서 나온다. 그래서 계획이 아니라 기획이라 말하는 것이다.

빠르게 흘러가는 디지털 전환의 시대에 '생각'을 좀 하고 기획하라는 것은 어리석은 말일지도 모른다. 하지만 효율적인 정보 검색과 사색 중에 올바른 기획을 위해 하나를 선택하라고 한다면, 단언컨대 '사색'이다. 기획을 잘하는 사람들의 특성을 한번 보면 그 이유가 명확하다. 그들은 A4에 먼저 자기 생각을 충분히 정리한 다음, 디지털 도구를 활용하여 필요한 자료를 찾으면서 기획서를 작성한다. 하지만 충분한 고민이 없다면 기획은 피상적인 수준에 머무를 수밖에 없고, 상사에게 "그래서 어떻게 하겠다는 거야?" "그래서 말하고자 하는 게 뭔데?" "이게 근본적인 이유야?" 등의 말을 듣게 된다.

예를 들어, 팀장이 여러분에게 '디지털 전환의 시대, 조직의 구성 방안'에 대한 기획을 지시했다고 하자. 가장 먼저 무엇을 해야 할까? 바로 디지털 전환에 맞는 조직 구성 사례를 찾아야 할까? 아니면 디지털 전환 관련 다양한 보고서를 찾아야 할까? 그도 아니면 경쟁 조직은 어떻게 조직을 구성하고 있는지 살펴봐야 할까? 이러한 것들도 기획서 작성에서 필요하지만, 팀장의 지시에 가장 먼저 고민해야 할 사항은 '왜 지금 시점에 조직 구성 방안이냐'이다. 디지털 전환이라는 트렌드에 맞춰서 조직을 구성하라는 게 아니다. 디지털 전환이 현재 조직에 어떤 영향을 미치고 있는지, 혹은 기존의 조직이 디지털 전환과 어떤 점에서 부적합한지를 고민해야 한다. 그래야 팀장이 원하는 방향을 알 수 있다.

구글 제국에 의존해 검색창에 'filetype: pdf, ppt'를 검색해서는 답이 나오지 않는다. 혹은 구글 이미지 검색을 통해 멋지게 구조화된, 잘 정리된 그림을 찾는다고 해도 좋은 기획이 나오지 않는다. 어쩌면 기획 초보에게는 조금 도움이 될 수 있겠지만 그것은 기획의 사소한 부분에 지나지 않는다. 혹은 뉴스 검색을 통해 국내외 선도업체의 디지털 전환 조직 사례를 찾는다고 해도 자신의 조직에 적합한 방법을 찾기는 힘들다. 흔히 이야기하는 모범사례Best Practice를 적용하려면 결국 자기 조직의 이슈에 먼저 집중해야 하기 때문이다.

지금 생각해보면 과거에 기획을 잘하지 못한 이유는 '내 생각이 없어서'였다. 나름대로 기획을 잘한다고 생각했지만 사실 기획서에 화장만 하느라 핵심인 나의 관점과 생각을 정리하지 못한 적이 많았다. 본질을 보지 못하고 자꾸 포장만 신경 쓰다 보니 기획력이 약해질 수밖에 없었다. 특히 경력이 쌓이면 쌓일수록 포장에 대한 자신감만 늘어서 핵심을 놓치는 경우가 종종 발생한다. 성공한 경영자들이 과도한 자신감 때문에 자신의 과거 성공 방정식에 매몰되어 본질을 보지 못하고 일을 그르치는 것처럼 말이다.

지금 여러분은 어떤 기획을 하고 있는가? 너무 화장에만 신경 쓰고 있지는 않은가? 아니면 기획의 본질인 자기 생각을 정립하고 그것에 맞게 방향을 설정하고 있는가? 이 책이 말하고자 하는 프레임은 결국 '생각(관점)'이다.

기획자를 위한 질문 1

☑ 최근에 느낀 일상의 작은 변화는 무엇인가?

_____

☑ 나는 일상을 어떤 시선으로 바라보고 있는가?

_____

☑ 다른 사람들은 어떤 시선으로 일상을 바라보는가?
　나와는 어떻게 다른가?

_____

☑ 파편화된 퍼즐 조각들을 어떻게 하면 큰 틀에서 볼 수 있는가?

_____

☑ 기획할 때, 어떤 프레임을 가지고 접근하는가?

_____

☑ 기획할 때 나만의 프레임이 있는가?

_____

☑ 프레임은 어떻게 기획이 될 수 있는가?

_____

기획력 훈련 : 나에게 기획은 _____ 다

기획은 나만의 시선으로 하나의 프레임을 만드는 과정이다. 여러분에게 지금까지 기획은 어떤 과정이었는가? 그저 단순한 하나의 문서였는가? 뭔가를 요약 정리하는 과정이었는가? 아니면 누군가에게 보고하기 위한 어쩔 수 없는 일이었는가?

기획이란 무엇인가? 한 단어로 말해보자.

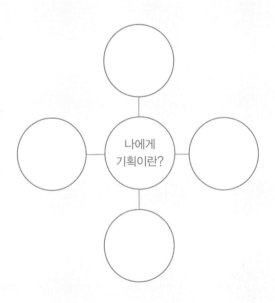

기획을 이렇게 생각한 이유는 무엇인가?

_____

_____

2장

Viewpoint
관점이 기획을 결정한다

1. 핫트랙스에서 라면 팔면 안 돼?

두 식당이 있다. 음식 맛은 차이가 없고 가격도 만 원으로 동일하다. 그런데 그 두 식당의 메뉴판 밑에 다음과 같은 문구가 적혀 있다고 생각해보자.

A 식당: 현금 결제 시 1,000원 할인 혜택!

B 식당: 신용카드 결제 시 1,000원의 추가 요금 발생!

이런 경우 사람들은 어떤 식당에서 더 현금 결제를 할까? 연구 결과에 따르면, 사람들은 B 식당에서 현금 결제를 더 많이 한다고 한다. 왜 그럴까? 노벨경제학상을 받은 대니얼 카너먼 Daniel Kahneman의 행동경제학이라는 어려운 학문을 언급하지 않더라도 사람은 기본적으로 가지고 있는 것을 빼앗기지 않으려는 성향이 있기 때문이다. 이 성향을 손실 회피라고 한다. 이 관점에서 A 식당의 문구는 이득의 프레임이지만 B 식당은 손실의 프레임이다.[1] 아래 [그림 5]의 그래프는 이 손실 회피 현상을 잘 보여준다.[2] 1사분면 그래프(이득)의 기울기와 3사분면 그래프(손실)의 기울기 중 어떤 쪽 그래프의 기울기가 더 심한가? 그림에서 보이듯이 손실 쪽은 가치의 감소가 빠른 반면, 이득 쪽은 가치의 증가가 완만하다.

이 연구가 말하고자 하는 것은 무엇일까? 사람이 어떤 관점에서 생각하느냐에 따라서 가치의 증감이 다를 수 있다는 것이다. 만약 사람들이 일반적으로 이득의 관점에서 생각한다면, A 식당에서 현금 결제를 더 할 것이다. 하지만 그렇지 않기 때문에 B 식당에서 더 많은 현금 결제 현상이 발생하는 것이다. 사실 주인 입장에서는 차이가 없지만 고객은 손실을 보고 싶지 않기 때문

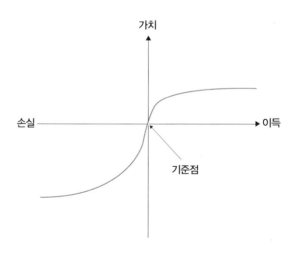

그림 5. 전망 이론의 가치 함수 그래프

이다.

또 다른 예를 들어보겠다. 집 근처에 대형 쇼핑몰이 있는데 그
곳의 교보문고 핫트랙스에 간 적이 있다. 이곳은 디자인 문구,
사무용품, 생활용품 등을 주로 판매하는 매장이다. 그런데 매장
입구에서 '요괴라면'을 판매하고 있었다. 요괴라면은 말 그대로
라면이다. 처음 이 광경을 보면 '마트도 아니고 왜 여기서 라면
을 팔지?'라는 생각이 든다. 아마 대부분 그런 생각이 들 것이다.

요괴라면은 패션, 인테리어, 요식업, 이커머스 회사 출신들이
모여 만든 라면으로 옥토끼프로젝트의 하나이다. 현재 봉골레,
크림크림, 국물떡볶이, 매운볶음맛 등 다양한 형태로 출시되어
있는데, 제품 디자인에서도 볼 수 있듯이 일반적인 라면과 달리
감각적이다. 타깃은 SNS를 활발히 하는 1030이다. 이런 이유로

그림 6. 옥토끼프로젝트의 요괴라면

요괴라면은 대형 마트가 아니라 생활 속 감성 충전소를 꿈꾸는 핫트랙스에서 볼 수 있다. 라면이라는 전통적인 식품 카테고리로 요괴라면을 바라보지 않고 하나의 디자인 제품으로 바라본 것이다. 전통적인 식품 카테고리로 봤다면 편의점이나 마트 등에 있어야 했다.

요괴라면을 판매하는 감성 편의점 고잉메리에 가면, 요괴라면 외에도 개념만두, 개념볶음밥, 요괴밀크 등 감각적인 디자인의 다양한 제품을 볼 수 있다. 말 그대로 감성 편의점 느낌이 물씬 난다. 그럼, 여러분은 이 제품들을 보면 어떤 생각이 드는가? "맛있을 것 같아. 한번 사고 싶어!"인가, 아니면 "디자인이 독특한데 일단 한번 사볼까?"인가? 대부분 후자일 것이다.

그만큼 이 제품은 기존 제품과 다른 관점에서 사람들의 마음을 파고들었고 그게 이 제품의 초기 기획 의도였을지도 모른다. 요괴라면의 탄생에 대해 옥토끼프로젝트의 박리안 부대표는 "저희 개성을 보여주고 옥토끼프로젝트를 한 번에 각인시키려면 맨먼저 라면 브랜드를 만드는 게 좋겠다는 생각이 들었어요"라고 하였다.[3] 그만큼 브랜딩에 신경을 썼다는 것을 알 수 있다.

만약 여러분이 지금 어떤 문제를 해결해야 한다면, 그 문제를 어떤 관점에서 바라보고 있는지 한번 생각해보자. 옥토끼프로젝트의 요괴라면처럼 말이다. 요괴라면은 다음과 같은 관점으로 바라볼 수 있지 않을까?

"요괴라면은 식품이 아니라 디자인 제품이다."

이처럼 문제를 보는 관점은 새로운 기획의 기반이다. 문제 분석도 중요하지만 자신이 어떤 관점에서 문제를 바라보는지가 더 중요한 이유다.

2. 질문으로 관점 바꾸기

올바른 해결책은 올바른 질문에서 나온다. 문제에만 집중하면 다양한 대안만 도출될 뿐, 문제의 근본 원인에 맞는 해결책을 제시하기 어렵다. 그럼, 올바른 질문이란 무엇일까? 바로 본질에 집중하여 현상에 현혹되지 않고 관점을 전환하게 하는 질문이다. 자신이 미래의 기차를 개발하는 기획자라고 생각해보자. 어떤 질문을 던질 것인가? 어찌 되었든 교통수단은 빨라야 하니 다음과 같은 질문을 던질지 모른다.

"어떻게 하면 더 빠른 기차를 만들까?"

이런 질문을 생각했다면 나올 수 있는 답은 무엇일까? 대부분 속도와 관련된 방안이 나온다. 기차를 조금 더 가볍게, 또는 더 효율이 높은 엔진을 만드는 방법을 고민한 것이다. 그런데 다음과 같이 질문하면 어떨까?

"어떻게 하면 기차에서 더 즐겁게 보낼 수 있을까?"

이 질문에 대한 답은 무엇일까? 첫 번째 질문이 속도에만 집중했다면, 두 번째 질문은 속도 외에도 기차 내부 시설, 서비스 등 다양한 관점에서 방안을 고민해볼 수 있다. 후자가 바로 관점을 전환하는 본질적인 질문이다.

그런데 본질에 집중하지 않으면 어떤 현상이 나타날까? 업무 과다 문제를 생각해보자. 이 문제에 해결책으로 대부분 '업무를 줄이자' '인력을 충원하자'고 말한다. 인력이 부족한 것 같으니 인력을 늘리고 업무가 많으니 업무를 최소화하자는 이야기다. 하지만 이는 문제의 근본 원인을 생각하지 않은 답일 뿐이다. 본질로 들어가서 이런 질문을 던져보면 어떨까?

"어떻게 하면 사람들이 효율적으로 일할 수 있을까?"

이 질문의 답은 업무 프로세스, 인력의 역량, 조직 문화 등 다양한 관점에서 생각해볼 수 있다. 업무 과다가 조직 내 불필요한 업무 프로세스 때문일 수도 있고, 인력의 역량이 부족해서일 수도 있다. 또는 조직 문화가 야근을 선호해서 업무를 미루다 보니 업무가 가중되는 현상이 발생했을 수도 있다. 그래서 기획을 할 때, 바로 문제를 분석하기보다는 먼저 이 문제를 어떤 관점에서 보고 어떤 질문을 던질지를 고민해야 한다.

관점을 전환해주는 질문은 기획 초반에 아주 중요하다. 글로벌 경영컨설팅 회사인 맥킨지 출신의 바바라 민토Babara Minto는 《논리의 기술》에서 "글의 도입부 구성의 핵심은 스토리 형식 취하기다"라고 하였다.[4] 그러면서 상황Situation, 문제Complication, 질문Question, 해답Answer의 스토리 구조를 제시했다. 여기서 핵심은 질문이다. 상황과 문제를 바탕으로 하여 어떤 질문을 던지느냐에 따라 해답이 달라지기 때문이다.

왜 그럴까? 질문은 등대와 같다.[5] 막연히 알고 있던 것에 대한 가능성을 점검하게 해주고 더 높은 이상향으로 나아가게 만드는 역할을 하기 때문이다.

동네 사람들끼리 중고물품을 거래하는 플랫폼인 당근마켓을 예로 들어보자. 당근마켓은 2015년 사업을 시작했지만 당시 전국구 브랜드인 '중고나라'를 이기려고 하지 않았다. "어떻게 하면 중고나라를 이길 수 있을까?"라는 고민 대신 "어떻게 하면 동네 사람들을 연결할 수 있을까?"에 집중했다.[6] '우리 동네 중고 직거래 마켓'인 당근마켓은 지금은 월 방문자 수가 300만 명, 월 거래액 500억 원을 돌파한 상태다. 그래서 당근마켓의 후기를 보면 '이웃'에 대한 이야기가 자주 나온다.[7]

여기는 뭐랄까, 돈 버는 것이 목적이 아닌 이웃들과 안 쓰는 물건들을 공유하고 정을 주고받는 동네 장터 같아요. 거래할 때마다 이웃의 정을 느낄 수 있어서 좋았답니다.

근처에 있는 사람들끼리 거래하니까 뭔가 더 믿을 수 있는 것 같아요. 동네에서 바로 직거래할 수 있는 물건만 볼 수 있어서 좋아요.

요즘 매일 쓰는 벼룩 앱이에요:) 근처 주민이라 믿을 만하고 쉽게 거래할 수 있어요~ 동네에서 올라오는 매물 구경하는 맛에 완전히 중독됐어요!! 진짜 안 써본 사람은 몰라요.

이처럼 질문은 기획의 큰 틀을 잡아주는 역할을 한다. 그래서 SCQA는 기획의 전체 구조를 잡는 데 유용하다. 다음은 매출하락에 따른 대응 방안을 SCQA에 맞춰 제시한 내용이다.

- ☑ 상황: 현재 국내 시장 규모는 정체된 상황입니다.
- ☑ 문제: 자사의 매출은 지속해서 하락하고 있습니다. 특히, 수도권 이외 지역에서 매출이 큰 폭으로 하락하고 있습니다.
- ☑ 질문: 수도권 이외 지역의 매출 증대를 위한 방안은 무엇인가?
- ☑ 해답: 영업 사원의 역량을 제고해야 합니다.

상사의 지시를 받았지만 어떻게 작성해야 할지 막연할 때는 일단 SCQA에 맞춰 써보면 된다. 이를 써보면서 내가 어떤 질문을 던져야 할지 고민해보는 것이다. 질문과 해답은 자신의 관점에 따라 언제든지 바뀔 수 있다. 그리고 본격적으로 기획서 작성을 할 때에는 SCQA의 내용을 좀 더 구체화하면 좋다. 특히 질문은 방향으로 전환하고 해답에는 결과가 나오게 된 논리를 추가한다. 다음과 같이 구체화할 수 있다.

- ☑ 상황: 현재 국내 시장 규모는 2018년 이후로 정체된 상황입니다.
- ☑ 문제: 자사의 매출은 지속해서 하락하고 있습니다. 특히 수도권 이외 지역에서 매출이 큰 폭으로 하락하고 있습니다.
- ☑ 질문: 수도권 이외 지역의 매출 증대 방안이 필요합니다.
- ☑ 해답: 매출 하락 원인은 유통 채널, 영업 사원, 제품 관점에서 접근할 수 있습니다. 분석 결과 영업 사원 역량 부족이 근본 원인으로 판단됩니다. 특히 영업 사원의 커뮤니케이션 역량 제고가 필요합니다.

SCQA 이후에는 해답에 대한 이유, 근거, 사례 연결을 통해 기획의 전체적인 구조를 잡아간다. [그림 7]과 같이 구조화할 수 있다. 이유와 근거 등에 대한 논리 전개는 4장에서 좀 더 자세히 다루겠다. 지금은 틀만 이해하고 넘어가자.

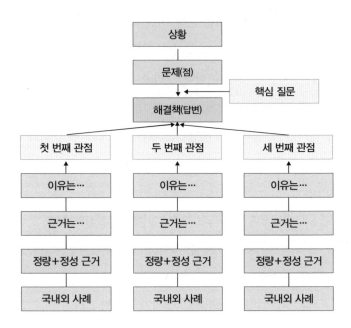

그림 7. SCQA와 기획의 구조

3. 문제를 제대로 파악하고 있는가

문제 인식은 기획의 출발점이다. 하지만 문제를 인식한다고 해도 상황을 제대로 파악하지 못하면 문제를 해결할 수 없다. 애초에 방향 자체가 잘못 설정되어서다. 사람들은 왜 현재 상황을 제대로 파악하지 못할까? 혹시 문제 상황에 너무 익숙해져서 올바른 판단을 미루고 있는 것은 아닐까?

동네에 빈집이 있다고 한번 상상해보자. 빈집은 관리가 되지 않아서 지나가는 사람들이 쓰레기를 마구 버리고 그 주변도 황폐해진다. 그러다가 어느 순간 범죄가 일어나기 시작한다. 영화를 보다 보면 이런 장면이 자주 나온다. 그런데 빈집이라고 꼭 범죄가 일어나는 장소일까? 그렇지 않다. 빈집이라도 관리를 잘해줬다면 사람들이 무심코 쓰레기를 버리지 않았을 것이고, 당연히 범죄도 일어나지 않을 것이다.

악화될 수 있는 상황을 그대로 버려두면 항상 문제가 생긴다. 이를 '깨진 유리창의 법칙Broken Window Theory'이라고 부른다. 1982년 미국 범죄학자 제임스 윌슨James Wilson과 조지 켈링 George Kelling이 제시한 이론으로, 1980년대 중반 미국 뉴욕에서 깨진 유리창을 방치했더니 길거리가 지저분해지면서 범죄가 계속 발생했다는 것이다. 그렇다면 우리는 이 법칙에서 무엇을 배워야 할까? 바로 빠른 상황 판단이다. 시기를 놓치면 뉴욕처럼 범죄가 빠르게 일어나기 때문이다.

신제품을 출시해야 하는데 상황 판단을 빠르게 하지 못하면 어떻게 될까? 경쟁사가 먼저 유사한 제품을 출시하게 되고 이렇게 되면, 제아무리 좋은 제품을 출시해도 높은 매출을 달성하기가 쉽지 않다. 사람들의 머릿속에는 이미 경쟁사 제품이 자리를 잡기 때문이다. 이미 자리를 잡아버린 인식을 바꾸는 데에는 많은 시간과 비용이 필요하다. 그래서 기획에서 문제 파악은 매우 중요하다. 다음 대화를 한번 보자.

최 팀장 : 지난주에 말한 신규 화장품 사업에 대해 생각해봤나?

김 대리 : 현재 화장품 시장 동향에 대해 살펴보고 있습니다. 주름 개선 같은 기능성 화장품 쪽을 생각하고 있습니다.

최 팀장 : 기능성 화장품은 이미 다른 회사도 하고 있는 거 아닌가? 상황 판단이 잘못된 것 같은데….

김 대리 : 타사도 하고 있지만 아직 메이저업체는 없는 것으로 알고 있습니다.

최 팀장 : 기능성 화장품은 이미 올해 초에 L사, A사 등이 다양한 신제품을 출시했잖아? 시장 상황을 제대로 파악한 거 맞나? 이미 여성 화장품 시장은 포화고 경쟁도 치열하다고. 우리 같은 중소업체가 진입하기 어려워. 차라리 남성 화장품 쪽을 살펴보는 게 어때?

대화를 보면, 김 대리는 화장품 사업의 판을 잘못 읽었다. 하마터면 잘못된 상황 판단으로 많은 시간과 비용을 날릴 뻔한 것이다. 시장 안에는 수많은 퍼즐 조각이 있다. 그런데 상황 판단을 잘못하면 잘못된 퍼즐 조각 하나 때문에 사업 전체를 망칠 수가 있다.

회사에서 잘못된 기획은 신제품 출시 혹은 마케팅 프로모션의 중요한 타이밍을 놓치게 만든다. 미국 메이저리그의 명투수인 워런 스팬은 "배팅은 타이밍이다. 피칭은 타자의 타이밍을 뒤흔드는 것이다"라고 말했다. 타자에게 강속구를 던져 타자를 잡는 것도 중요하지만 타자의 타이밍을 빼앗아 타자를 혼란스럽게 만드는 게 더 중요하다는 거다. 기업에서도 신제품 출시를 언제 하느냐에 따라 자신의 회사 제품이 미투 상품으로 전락하느냐, 아니면 시장 최초 상품이 되느냐가 결정된다.

이마트는 2019년 2/4분기 사상 처음으로 적자를 기록했다. 원인은 로켓배송의 쿠팡, 새벽배송의 마켓컬리 등 온라인 신흥 강자들의 급성장과 함께 사람들의 쇼핑 패턴의 변화였다. SSG 닷컴으로 대응하고 있지만 아직은 역부족이다. 그래서 정용진 신세계 그룹 부회장은 인스타그램에 "위기는 생각보다 빨리 오고 기회는 생각보다 늦게 온다"라는 글을 올리기도 했다.

100여 개 이상의 스타트업을 창업해본 빌 그로스Bill Gross는 TED 강연에서 스타트업 성공에서 가장 중요한 요소로 타이밍을 들었다. 그 중요도가 42%나 된다고 하니 타이밍이 얼마나 중요한지를 알 수 있다.[8] 그래서 요즘은 빨리 기획하여 실행에 옮긴 후 계속 보완하는 형태로 기획이 진행된다. 외부 환경이 워낙 빠르게 변해서 오랜 시간 기획하다 보면 타이밍을 놓치기 때문이다. 좋은 사업 기회는 빠르게 사라져버린다. 과거 LG전자는 스마트폰 시장에 대한 오판으로 위기를 겪은 적이 있다. 피처폰 시장에서 초콜릿폰의 성공 이후 스마트폰 대응이 늦어지면서 타이밍을 놓친 것이다. 이후 스마트폰 시장에서 과거 피처폰의 위상을 회복하는 데 어려움을 겪고 있다.

이마트나 LG전자 등의 사례는 소비자의 반응이 시시각각으로 변하는 시장에서 올바른 상황 판단이 얼마나 중요한지를 알려준다. 시장 상황을 빠르게 파악하지 못하면 선도업체도 언제든지 힘든 시간을 겪을 수 있다. 사실 한번 고착화된 소비자의 취향을 바꾸는 것은 여간 어려운 일이 아니다.

다음 [그림 8]은 2018년에 SK플래닛 11번가에서 모바일 결제 건수를 바탕으로 연령대별 가장 많이 결제가 이루어지는 시간대와 구매 품목을 제시한 것이다. 이 표를 보고 어떤 생각이 드는가? 만약 여러분이 이커머스 기획자라면 시간대별, 연령대별로 진행할 프로모션에 대해 떠오르지 않는가? 이 데이터를 바탕으로 한다면, 20대 이하 여성을 대상으로는 밤 10시 이후에 다양한 메이크업 제품 홍보와 프로모션을 진행할 수 있다. 또 자

연령대	시간대	주 구매 품목
15~19세	22시	페이스메이크업
20~24세	23시	페이스메이크업
25~29세	11시	커피 e쿠폰
30~34세	11시	기저귀
35~39세	11시	기저귀
40~44세	23시	운동화
45~49세	23시	커피
59~54세	23시	커피

그림 8. 연령대별 최다 결제 시간대와 주 구매 품목

녀가 있는 30대 여성 대상으로는 기저귀를 포함한 아기용품의 타임 세일을 생각해볼 수 있지 않을까?

그런데 현재 상황에 대한 분석이나 연령대, 시간대, 구매 품목에 대한 이해 없이 프로모션을 진행한다면 과연 매출이 늘어날까? 기획은 화려하고 멋진 기획서 한 장이 중요한 게 아니다. 올바른 상황 판단과 문제 발견이 가장 중요하다. 기획은 지속 가능한 사업을 만드는 것이 목적이기 때문이다.

4. 관점에 따른 세 가지 문제 유형

삶은 문제의 연속이다. 하지만 동일한 현상을 보고 모든 사람이 문제로 인식하는 것은 아니다. 어떤 사람은 길거리의 낙엽을 보고 청소가 제대로 안 되었다고 지적할 수 있지만, 또 다른 사람은 낙엽은 낙엽일 뿐 쓰레기가 아니라고 생각할 수도 있다. 이처럼 문제 인식은 사람의 관점에 따라 다르다.

전략, 영업, 인사, IT 등 모든 업무에도 항상 문제는 있다. 핵심은 문제에 대한 개인의 생각이다. 그래서 문제도 유형이 다양하다. 예를 들어, 한 친구와 항상 관계가 껄끄럽다고 생각해보자. 뭔지는 정확히 모르지만 불편한 기류가 있다고 하자. 하지만 다른 친구들과 함께 있을 때는 표면적으로 크게 문제가 없어 보인다. 그러다 둘이 어딘가를 가거나 혹은 무언가를 같이한다면 어떤 일이 벌어질까? 껄끄러웠던 감정이 어떤 일을 하면서 드러나고, 급기야 관계가 벌어지기 시작했다면? 이와 반대로 한 친구와는 아직 관계가 서먹하지만 좀 더 친해지고 싶다. 그래서 서로 함께할 수 있는 뭔가를 찾고 있다면? 지금 친구 관계를 통해 드러난 문제 유형을 생각해보면 세 가지로 정리할 수 있다.

1. 잠재형 문제: 항상 껄끄러운 뭔가가 있다.
2. 원상회복형 문제: 껄끄러운 관계가 표면으로 드러나 문제가 발생한다.
3. 이상추구형 문제: 아직은 관계가 서먹하지만 좀 더 친해지고 싶다.

세 가지 문제 유형의 차이가 보이는가? 바로 현재 상태와 자신이 원하는 바람직한 상태 사이의 차이다. 이 차이가 크면 클수록 문제의 심각성이 커지고, 반면 차이가 작으면 사소한 문제로 치부된다. 그럼, 각 문제에 대해 살펴보자.

잠재형 문제는 현재는 드러나지 않았지만 향후 문제의 소지가 있는 상황이다. 예를 들어, 현재 매장 매출에는 큰 변동이 없지만 능력 있는 직원이 퇴사한다고 생각해보자. 지금 당장은 문제가 없어 보여도 시간이 갈수록 점점 문제가 쌓이고, 결국 어느 순간 한 번에 크게 터질 것이다. 작은 실수들이 모여 한 번에 대형 사건이 터지는 하인리히 법칙Heinrich's law처럼 말이다. 하인리히 법칙은 큰 사고가 일어나기 전에 작은 사건이나 징후들이 일어나는 비율이 1:29:300이라고 해서 '1:29:300 법칙'이라고도 부른다. 사소한 문제를 넘겨버리면 언젠가는 큰 위험이 된다

그림 9. 잠재형 문제

는 하인리히 법칙처럼 잠재적인 문제는 언젠가는 터지게 마련이다.

또 어떤 예가 있을까? 서비스 매뉴얼이 없어 직원들이 각기 다르게 고객 응대를 할 때도 잠재형 문제에 속한다. 이럴 때도 당장은 문제가 없지만 나중에 고객 불만이 쏟아져 나올 수 있다. "왜 저 사람은 저렇게 해줬는데, 나는 그렇게 해주지 않죠?"라고 항의할 수 있다. 고객의 동일한 문제 제기에 직원의 대응이 다르면 고객은 차별이라고 느끼기 때문이다.

다음은 원상회복형 문제다. 가장 일반적인 문제 유형으로, 정상적인 상황과 비교하여 상황이 좋지 않을 때를 말한다. 월 매출이 1,000만 원이던 매장에서 갑자기 월 매출이 500만 원으로 하락했다면? 혹은 정상적으로 작동하던 스마트폰 액정 화면이 갑자기 보이지 않는다면? 이런 상황들이 원상회복형 문제다. 말 그대로 원래의 상태로 회복되어야 하는 문제를 말한다.

스마트폰 액정 화면이 당장 보이지 않으면 누구든지 바로 문제를 해결하기 위해 서비스 센터를 찾는다. 잠재형 문제와 달리

그림 10. 원상회복형 문제

원상회복형 문제는 현재 상황을 하나의 문제로 인식한다. 하지만 잠재형 문제는 보는 사람의 관점에 따라 문제로 인식되지 않을 수도 있다. 서비스 대응 매뉴얼이 없는 게 문제일 수도 있지만, 서비스 직원이 자율적으로 해결한다면 문제가 아닐 수도 있다. 즉, 자신이 어떤 관점에서 상황을 바라보느냐에 따라 달라지는 것이다.

 마지막 이상추구형 문제는 문제라기보다는 하나의 목표에 가깝다. 하지만 자신의 목표가 자신이 원하는 바람직한 상태라면 그 사람에게는 문제가 된다. 예를 들어, 지금까지 책을 한 달에 세 권씩 읽었는데 앞으로 다섯 권씩 읽기로 한다면 이상추구형 문제가 발생한다. 한 달에 두 권씩 더 읽어야 하기 때문이다. 다른 사람에게는 한 달에 세 권도 많이 읽는 것처럼 보일 수 있지만 다섯 권이라는 새로운 목표는 현재 상황과 차이를 만들어낸다. 회사를 예로 들면 어떨까? 전자부품 회사의 현재 매출이 1조 원인데, 5년 후 매출 목표가 100% 증가한 2조 원이라면 어떨까? 현재 대비 1조 원의 차이가 발생한다. 이런 차이가 결국 하나의

그림 11. 이상추구형 문제

문제가 되는 것이다.

문제는 결국 현 상황을 어떤 관점에서 보느냐에 따라 달라진다. 더 나아가 문제를 어떻게 정의하느냐에 따라서 해결 방향도 달라진다. 문제 정의가 해결책에 영향을 미치기 때문이다. 그런데 일상에서 이뤄지는 사람들의 대화를 들어보면 현상과 문제를 구분하지 않는 경우가 많다. 그러면 어떻게 될까? 다람쥐 쳇바퀴 도는 듯한 대화만 계속하다가 "도대체 문제가 뭐야?"로 끝나버린다. 그래서 기획에서는 현상과 문제의 구분이 중요하다. 문제에 앞서 현상이 항상 존재하기 때문이다.

초중등교육법 개정안을 예로 들어보자. 개정안은 수업 중 스마트폰으로 게임을 하여 수업 진행을 방해하거나 카카오톡, 트위터 등 SNS를 이용해 특정 학생을 따돌리는 '왕따' 문제를 막기 위해 학교장 재량으로 학생들의 스마트폰 사용을 막을 수 있도록 하였다. 법안을 대표 발의한 의원은 "청소년의 스마트폰 중독 현상이 심각해지면서 학교 문제를 넘어 사회 문제로 대두되고 있다. 이러한 문제를 예방하기 위해 필요한 범위에서 학생

들의 정보 통신 기기 사용을 제한할 필요가 있다"고 말했다.[9]

그럼, 위 이야기에서 현상은 무엇일까? '학생들의 스마트폰 중독'으로 정리할 수 있다. 그리고 문제는 '스마트폰 중독으로 발생한 수업 진행의 어려움과 왕따'이다. 그런데 스마트폰 중독을 문제로 보고 접근한다면 어떻게 될까? 제대로 된 해결책이 나올 수 있을까? 분명 그 해결책은 한정적이고 일시적일 것이다. 스마트폰 이용 제한 혹은 스마트폰 이용 제한 장치 개발, 혹은 스마트폰을 학교에 가져오지 못하게 하는 방법 등이 나올 것이다. 그런데 과연 이런 사용 제한 방안이 좋은 해결책이 될까? 지금 시점에서 본다면 그렇지 못하다. 이미 사람들은 스마트폰과 일상을 같이하기 때문에 부모들도 아이들이 위험에 처했을 때를 대비해서 스마트폰을 가지고 다니게 한다.

그래서 현상과 문제는 명확히 분리해야 한다. 다음 페이지에 있는 최 팀장과 김 대리의 대화를 보자. 김 대리는 시장점유율이 10%로 떨어진 것이 가장 큰 문제라고 보고 있다. 하지만 시장점유율 10%는 단지 하나의 현상, 즉 사실일 뿐이다. 고객 클레임이 많다는 것도 하나의 사실이다. 그렇다면 이런 상황에서 문제는 무엇일까? 수도권 지역이 회사 전체에서 차지하는 매출 비중이 70% 이상인데, 시장점유율이 10%로 하락하면서 회사 매출이 급격히 하락한 것을 들 수 있다. 그리고 시장점유율이 10%로 하락하면서 수도권 지역에서 수익성이 급격히 하락한 것도 최 **팀장** : 이번 상반기에 수도권 지역의 시장점유율이 10%까지 떨어졌던데, 문제가 뭔가?

김 **대리** : 이번에 영업 쪽으로부터 수도권 지역의 판매가 저조하다는 말을 들었습니다. 가장 큰 문제는 시장점유율 하락인 것 같습니다.

최 **팀장** : 정말이야?

김 **대리** : 저도 영업 쪽 보고서를 봤는데 시장점유율이 10%라는 게 가장 큰 문제로 보였습니다.

최 **팀장** : 시장점유율이 10%로? 그건 그냥 현상 아닌가? 수도권에서 왜 시장점유율이 떨어졌는지를 알아야 문제가 뭔지 알 수 있지 않겠어?

김 **대리** : 시장점유율이 떨어졌으니 그것도 문제고… 고객 클레임도 많다는 이야기도 있는데, 이래저래 문제가 많은 것 같은데….

하나의 문제라고 볼 수 있다.

시장점유율이 관련된 사항 말고 회사 직원의 직무 만족도가 5점 만점에 2.5라고 한다면 이 또한 단순한 현상에 불과하다. 직무 만족도 2.5라는 현상이 중요한 게 아니라 직무 만족도에 따라 나올 수밖에 없는 문제를 파악해야 한다. 즉, 낮은 직무 만족도 때문에 조직 구성원의 직무 몰입도가 떨어져 성과가 나지 않는다든가, 혹은 직무를 통해 보람을 느끼지 못하여 다른 회사로 이직하거나 다른 부서로 이동하는 것 등이 하나의 문제일 수 있다. 즉, 현상에 대한 깊이 있는 고민을 통해 근본적인 문제를 찾는 게 필요하다.

[현상]		[문제]
시장점유율 10%	→	수익성 하락, 매출 하락
직무 만족도 2.5	→	직무 몰입도 하락, 이직률 급증

좀 더 쉽게 일상생활에서 위에서 말한 현상과 문제의 예를 생각해보자. 사람들이 식당의 문제점으로 자주 지적하는 사항은 대부분 아래 내용 중 하나다.

1. 음식 맛이 너무 없다.
2. 메뉴가 다양하지 못하다.
3. 주차장이 없다.
4. 서비스가 너무 형편없다.
5. 가격이 너무 비싸다.
6. 너무 외진 곳에 있다.
7. 내부 인테리어가 너무 지저분하다.

위의 일곱 가지는 사람들이 식당에 갔을 때, 흔히 문제라고 말하는 것들이다. 그런데 정말 위의 일곱 가지는 문제일까? 정말 유명한 맛집에 갔는데 서비스가 너무 형편없다고 생각해보자. 그러면 서비스가 너무 형편없는 게 문제일까? 아마도 그렇지는 않을 것이다. 위에서 제시한 것들은 어떤 식당에 갔을 때 사람들이 말하는 하나의 사실일 뿐이다. 만약 위의 사실이 하나의 문제로 전환되려면 현상 속에 숨어 있는 의미를 발견해야 한다.

예를 들어, 회사 주변의 칼국숫집이 "가격만 비싸고 맛이 너무 없다"면 이는 문제가 될 수 있다. 사람들은 가격에 따라 기대하는 맛이 있는데, 그 정도의 맛이 나지 않는다면 문제가 될 수 있다. 또 단지 주차장이 없다는 것보다 음식점이 너무 좁은 골목길에 있는 데다 항상 주차 공간이 부족하다면 주차장 부족이 중요한 문제가 될 수 있다. 메뉴가 다양하지 못한 것도 마찬가지다. 세 가지 메뉴가 있는데 세 가지 다 맛이 없어서 먹을 것이 없다고 표현할 수 있고, 이를 사람들은 메뉴가 다양하지 못하다고 말할 수 있다. 이럴 경우, 문제는 해당 음식점의 핵심 메뉴가 없다가 될 수 있다.

이처럼 현상과 문제의 파악은 기획의 초점을 맞추는 데 중요하다. 만약 현상을 문제로 정의하고 거기에서 문제의 원인을 파악한다면 좋은 대안을 도출할 수 없다. 시장점유율이 10%인 상황이 원인이라고 생각하면 회사의 문제를 해결할 수 없다. 그리고 시장점유율 상승만으로는 회사에서 원하는 궁극적인 목표를 달성할 수도 없다. 요약하면 기획은 현상과 문제를 구분하여 나만의 관점으로 문제를 정의한 후 해결책을 찾는 것이다.

5. 올바른 관점은 팩트에서 나온다

상사에게 보고를 하면 자주 듣는 말이 있다.

"그건 네 생각 아니야."

"너무 주관적인 거 같은데."

"팩트가 명확하지 않은데…."

"너무 확대해석한 거 아니야?"

기획은 팩트(사실)를 토대로 해야 한다. 팩트에 근거하지 않은 기획은 기획자가 자신만의 근거로 만든 시나리오로, 일종의 의견일 뿐이다.

세계경영연구원이 CEO 및 임원을 대상으로 한 보고서 만족도 조사에서 응답자의 55% 이상이 '그저 그렇다', 24%가 '만족하지 못한다'고 대답했다.[10] 약 80% 이상이 부하 직원의 보고서에 대해 만족하지 못하고 있는 게 현실이다. 도대체 상사들이 보고서에 만족하지 못하는 이유는 무엇일까? 조사 결과에서 '정보나 근거 불충분'이 55%로 나왔다. 특히 응답자의 78%는 잘못된 보고서 때문에 의사결정 과정에서 그릇된 판단을 한 경험이 있다고 말했다.

이 조사 결과가 말하는 것은 무엇일까? 불충분한 정보를 바탕으로 만든 보고서는 회사에 악영향을 미친다는 것이다. 그래서 기획을 할 때 사실에 근거한 작업이 중요하다. 사실에 근거한 작업은 상사와 커뮤니케이션을 할 때 내용을 명확하게 하고 기획의 실행력도 높여준다. 다음 대화를 보자.

김 대리 : 대형 마트 고객 조사 결과, 고객들이 새롭게 출시한 PB(Private Brand) 상품에 대해 만족하는 것으로 나타났습니다.
최 팀장 : 근데 고객들이 만족하고 있다는 팩트는 어디에 있지? PB 상품에 대해 새롭게 느끼고 있다는 결과만 있는데….
김 대리 : 새롭게 느낀다는 게 만족한다는….
최 팀장 : 그건 자네 생각 아닌가? 정말 고객들이 좋아한다는 팩트가 없잖아. 새롭게 느낀다고 해서 고객들이 상품을 좋게 생각하는 것은 아니지.
김 대리 : 새롭게 느낀다면, 상품에도 만족하지 않을까….

김 대리는 PB 상품에 대해 고객들이 만족하고 있다고 조사 결과를 보고했다. 하지만 고객들이 PB 상품에 신선함을 느낀다고 해서 그 상품에 만족하고 있는 것은 아니다.

김 대리의 잘못된 논리

PB 상품은 신선하다 → PB 상품은 사볼 만하다 → PB 상품에 만족한다

최 팀장의 올바른 논리

PB 상품은 신선하다 ≠ PB 상품에 만족한다

PB 상품은 신선하다 = PB 상품을 새롭게 느낀다. 하지만 그 이상은 아니다.

그러면 어떻게 보고해야 할까? 먼저 고객들이 PB 상품에 대해 새롭게 느끼는 것 같다고 말한다. 그러면서 향후 PB 상품의 품질과 가격 경쟁력을 확보하면 긍정적 반응을 얻을 수 있다고 하는 게 맞다. 혹은 고객들이 PB 상품을 신선하게 느낀 결과에 대해 추가 조사가 필요하다고 말한다. PB 상품 만족도를 확인하는 것이다. 만약 고객들이 만족한다면 어떤 측면에서 PB 상품에 만족하는지도 본다.

"매장에 대한 호감도가 높으면 종합 만족도도 높다."

이 문장은 팩트일까? 상식적으로는 그렇다. 하지만 상식이 팩트는 아니다. [그림 12]는 한국소비자원이 2019년에 조사한 커

피 전문점의 소비자 만족도 조사 결과표이다. 이 표를 보면 어떤가? 호감도가 높으면 종합 만족도도 높은가? 그렇지 않다. 스타벅스는 상대적으로 호감도가 낮지만 종합 만족도는 높다. 반면 커피빈은 호감도가 높은 편이지만 종합 만족도는 낮다. 팩트는 명확한 근거에 기반한다. 내가 가지고 있는 상식에 기반하지 않는다. 그럼에도 회의를 할 때 보면, 자신의 상식에 근거해 말하는 경우가 많다. 데이터를 볼 때도 그렇다. 하지만 데이터 간의 관계에 대해 정밀하게 볼 필요가 있다.

그럼, '종합 만족도가 높은 커피 전문점은 매출도 높다'라는 분석은 어떨까? 정말 그럴까? 팩트 분석은 어렵지 않다. 하지만 팩

구분	종합 만족도	서비스 품질	상품 특성				호감도
			제품	매장 접근성	매장 이용 편의성	가격 및 부가 혜택	
할리스커피	3.95	3.99	3.88	4.09	3.99	3.46	3.85
스타벅스	3.93	4.12	3.94	4.23	3.65	3.23	3.78
엔제리너스	3.86	3.86	3.72	3.90	3.75	3.49	3.83
두썸플레이스	3.85	3.93	3.92	4.09	3.84	3.32	3.73
커피빈	3.84	3.91	3.74	3.78	3.74	3.22	3.80
이디아커피	3.80	3.83	3.57	3.96	3.72	3.62	3.75
평균	3.88	3.97	3.82	4.05	3.76	3.37	3.78

그림 12. 커피 전문점 소비자 만족도

트 분석을 제대로 하기는 쉽지 않다. 이런 조사 결과와 함께 정말 그런지에 대한 근거를 찾는 작업이 필요하고 다른 데이터를 보면서 팩트인지 아닌지를 확인해야 하기 때문이다. 그래서 [그림 13]과 같이 다른 보고서나 통계를 통해 커피 전문점의 점포 현황을 보는 것이 필요하다. 예를 들어, 엔제리너스는 만족도가 여섯 개 전문점 중에 3위를 차지하지만 가맹점 수는 계속 감소하고 있다. 반면, 이디야커피의 만족도는 상대적으로 낮지만 가맹점 수가 2015년 이후 급증했다. 실제 매출은 확인이 필요하지만 가맹점 수만 봤을 때는 만족도가 높다고 해서 매출도 높을 거라고

순위	2015년		2016년		2017년		2018년	
	브랜드명	가맹점수	브랜드명	가맹점수	브랜드명	가맹점수	브랜드명	가맹점수
1	이디야커피	1,577	이디야커피	1,865	이디야커피	2,142	이디야커피	2,399
2	카페베네	821	요거프레스	792	투썸플레이스	887	투썸플레이스	1,001
3	엔제리너스	813	투썸플레이스	749	요거프레스	755	요거프레스	705
4	요거프레스	768	엔제리너스	744	엔제리너스	647	커피에반하다	589
5	투썸플레이스	633	카페베네	681	빽다방	539	빽다방	571
6	커피베이	415	빽다방	522	카페베네	523	엔제리너스	554
7	빽다방	412	커피베이	428	커피베이	471	커피베이	539
8	할리스커피	361	할리스커피	385	커피에반하다	457	메가엠지씨커피	403
9	탐앤탐스커피	357	파스쿠찌	376	파스쿠찌	408	카페베네	354
10	파스쿠찌	353	커피에반하다	370	할리스커피	405	더벤티	282

그림 13. 연도별 커피 프랜차이즈 가맹점수 상위 10개 브랜드

판단할 수 없다.

　팩트에 근거한 기획서 작성은 누구나 알고 있다. 쉽게 실천하지 못할 뿐이다. 지식이 많고 적음을 떠나서 항상 백지에서 팩트를 보는 것이 필요하다. 기획을 제로베이스에서 하라는 이유다. 편견이 개입되면 그 순간 팩트는 사라지기 때문이다. 올바른 관점을 설정하고 싶다면, 일단 팩트 체크부터 하자.

6. 가설, 관점에 따른 결과를 예상하라

하루는 퇴근 후 집에 와 보니 먹을 게 없었다. 마트를 가야 하는데, 어떻게 갈까 고민을 했다. 차로 갈까? 걸어갈까? 아니면 버스를 탈까? 시간을 보니 7시였다. 퇴근 시간이어서 차를 가지고 가면 막힐 게 뻔했고 걸어가자니 날씨가 추웠다. 결국 버스를 타고 갔다. 아마 누구나 한 번쯤은 이런 경험이 있을 것이다. 그런데 이런 경험이 쌓이면 어떻게 될까? 시간, 날씨, 기타 상황을 고려하면 "버스로 가는 게 좋아"라고 바로 결정할 수 있게 된다. 이 과정이 가설 설정이다.

가설은 개념적으로 '어떤 문제나 상황에 대해 예상되는 답'이다. 가설이라는 용어가 익숙하지 않은 사람이라면 처음 들었을 때 "뭐지?"라고 할 수도 있다. 하지만 단순하게 표현하면 그냥 평소에 자신이 직관적으로 하는 생각들이 가설이다. 그러므로 가설에는 나만의 관점이 숨어 있다. 그래서 같은 문제를 보더라도 다른 가설을 세우게 된다.

이런 가설은 크게 '문제 발견 가설'과 '문제 해결 가설'로 나뉜다. 예를 들어, 제품도 좋고 수요도 있지만 판매가 부진한 경우에는 판매 채널, 프로모션 방법, 가격 문제가 예상된다는 '문제 발견 가설'을 설정할 수 있다. 그중 판매 채널에 문제가 있다면 대형 마트에 대한 영업 확대나 상품 개발 등의 '문제 해결 가설'을 설정할 수 있다.

팀장이 팀원에게 영업 실적 부진에 대한 분석을 지시했다고 생각해보자. 팀원은 바로 최근 영업 실적 데이터를 분석하고 고객 인터뷰를 통해 실적 부진의 원인을 찾으려고 할 것이다. 그런데 자사와 경쟁사의 데이터를 분석해보니 자사 제품에 뭔가 문제가 있는 것 같았다. 또 고객 인터뷰를 해보니 자사 제품보다 경쟁사에서 최근 진행한 프로모션에도 영향이 있는 것 같았다. 팀원은 이 상황이 익숙하지 않다 보니 모든 것이 부진의 원인으로 보였고, 결국 이 모두를 문제의 원인이라고 보고하게 된다.

이때 필요한 작업은 무엇일까? 더 많은 자료를 분석하고 더 많은 고객을 인터뷰하면 답이 나올까? 문제의 원인이 정리될까? 그렇지 않다. 일단 팀원은 판매 실적 부진에 대한 기본적인 틀을 가지고 있어야 한다. 문제의 프레임을 설정하고 그 프레임에 맞춰 하나씩 하나씩 분석해야 했다. 영업 실적 부진의 원인은 자사 제품, 경쟁 제품, 대체재 관점에서 볼 수 있지 않을까?

- ☑ 자사 제품에 어떤 문제가 있는 것은 아닐까?
- ☑ 신제품이 등장해 고객들이 빠져나간 것은 아닐까?
- ☑ 우리가 모르는 대체재가 있는 것은 아닐까?

이런 틀이 곧 가설이다. 이런 가설은 가능한 한 좁게 설정하여 가설을 입증할 수 있는 근거를 확보해야 한다. 그렇지 않으면 모든 것을 다 살펴봐야 하는 상황이 발생한다. 그리고 '미팅을 해보면 되겠지', '자료를 분석해보면 되겠지'라고 단순하게 생각하게 된다.

하지만 이렇게 단순하게 생각해서는 문제의 원인에 접근할 수 없다. 가설을 통해 문제를 바라보는 프레임이 설정되어야 문제 해결을 위한 단계로 나아갈 수 있다. 자신의 프레임이 없다면 영업 사원들이 말하는 수많은 내용은 머릿속만 복잡하게 만들고 정리만 방해할 뿐이다. 하지만 팀원이 위와 같은 가설을 설정했다면 영업 실적이 부진한 원인을 팀장에게 쉽게 보고할 수 있다.

그런데 '저런 가설은 경험이 많은 사람이나 할 수 있는 거 아니야?'라고 생각할 수 있다. 물론 경험이 많으면 좋다. 하지만 경험이 많다고 항상 올바른 답을 제시하는 것은 아니다. 가설 사고는 단순히 경험이 많다고 할 수 있는 게 아니다. 평소에 어떤 상황이나 현상에 대해 끊임없이 문제의식을 느껴야 한다. 그래야만 자신만의 문제 프레임을 설정하고 해결책을 찾는 연습을 할 수 있다. 그렇지 않으면 단순히 "이럴 수도 있겠지"라는 지레짐작만 하고 검증 방안을 제대로 마련하지 못하게 된다.

올바른 가설을 설정하려면 어떻게 해야 할까? 가설 사고의 핵심은 무엇일까? 가설 사고의 핵심은 정보 수집에 매몰되지 않는 것이다. 보통 가설을 설정하라고 하면 사람들은 "관련 자료가 없어요" "정보가 너무 부족해요" 등의 이유를 말한다. 하지만 가설은 말 그대로 예상되는 답이다. 처음부터 100% 정확한 답은 불가능하다. 정보를 완벽하게 수집한다고 해서 올바른 가설이 나오지도 않는다. 가설은 적은 정보로 생각을 거듭하고, 그러한 단편적인 정보를 조합하여 가설의 정확도를 높이는 게 중요하다. 그래서 완벽한 자료 수집보다 빠른 가설 설정과 검증 작업이 필요하다.

그럼, 문제를 인식하면 바로 가설을 설정해야 할까? 그렇지 않다. 어느 정도 타당한 가설 도출을 위해 간이 인터뷰와 조사가 필요하다. 그렇게 하지 않으면 조사를 한 후 뒷날 또다시 동일한 사람을 대상으로 인터뷰를 해야 하는 불필요한 상황이 발생할 수 있다.

가설 사고를 할 때 유의 사항은 초기 가설에 집착하지 않는 것이다. 가설은 '예상'되는 답이기 때문에 언제든지 변할 수 있다. 초기 가설에 집착하면 문제 해결이 엉뚱한 방향으로 흘러갈 수 있고 자신의 가설에 맞는 정보만 수집하는 바람직하지 못한 행동을 할 수도 있다. 종종 뉴스에 나오는 통계 데이터나 실험 결과의 조작이 자신의 가설에 미련을 버리지 못해서 나오는 현상이다. 그러므로 가설이 잘못되었다고 해서 좌절할 필요도 없다. 가설은 예상되는 답이기 때문에 틀릴 수도 있으며 오히려 틀리는 것이 더 좋을 수도 있다.

계획을 따라가다 보면 그 계획이 더는 제대로 작동하지 않는 것 같다는 가설을 발견하는 순간이 찾아올지 모른다. 그렇다면 그 계획은 성공적인 계획이다. 과학자처럼 생각하라. 가설이 잘못됐다고 드러나는 지점에 이르렀다면, 그건 좋은 것이다. 시간을 아낀 것이고 가치 있는 무언가를 배웠다는 뜻이니까.[11]

또 한 가지 유의 사항이 있다. 바로 고객이 말한 사항에 대한 검증이다. 가설 설정 시, 주로 사용하는 고객 인터뷰는 주관적인 사실과 직관에 의존한다. 그러므로 고객이 하는 "제품의 품질이 좋지 않다" "가격이 너무 높다" 등의 말을 그대로 받아들여서는 안 된다. 품질이 좋지 않다면 어떤 점이 안 좋은지, 경쟁사 대비 어떤 점이 취약한지 등의 구체적인 질문이 필요하다. 또는 관련 자료를 수집해 검증 작업을 해야 한다.

가격 또한 마찬가지다. 고객은 항상 제품의 가격을 비싸다고 느낀다. 제품 가격을 낮춘다고 해서 판매가 잘될 거라는 보장은 없다. 가격이 높다고 생각하는 구체적인 이유를 먼저 파악해야 한다. 그래야 깊이 있는 가설 설정이 가능하다. 그렇지 않으면 경쟁사 제품의 가격 조사는 물론이고 고객이 체감하는 적정 가격까지 조사하는 수고를 들여야 할 수도 있다.

기획자를 위한 질문 2

☑ 나는 어떤 관점에서 기존 제품과 서비스를 바라보고 있는가?

☑ 내가 보는 관점은 차별화된 제품과 서비스를 만들 수 있는가?

☑ 나는 기존 인식에서 벗어나 문제 상황을 올바르게 보고 있는가?

☑ 조직 내 문제를 나만의 관점으로 바라본다면, 어떤 문제들이 보이는가?

☑ 팩트 분석을 했는데도 나는 왜 의미 있는 결과를 도출하지 못하는가?

☑ 문제 해결을 위해 나는 올바른 질문을 던지고 있는가?

☑ 나는 가설을 통해 문제를 발견하고 더 나아가 문제를 해결하고 있는가?

기획력 훈련: 어떤 질문을 던질 것인가?

기획은 방향이 중요하고, 이 방향은 기획자가 어떤 질문을 던지느냐에 따라 달라진다. 그 질문 안에는 문제나 이슈에 대한 기획자의 관점이 담겨 있기 때문이다. 다음은 보청기 관련 소비자 문제이다.[12] 건강보험심사평가원에 따르면, 인구의 고령화로 70세 이상 난청 환자는 2017년 11만 8,560명으로 2011년 대비 두 배에 가깝게 증가하였다. 다음 보청기 관련 소비자 문제 해결을 위해 기획자로서 던져야 할 질문을 생각해보자.

(자신의 청력 상태에 대한 정확한 진단 없는 보청기 구입) 청력이 이전보다 좋지 않다고 생각될 때, 우선 전문의에게 진찰을 받고 원인과 상태를 파악한 다음 보청기에 대한 구체적인 기대를 가진 후 구입해야 하는데 그렇지 않은 경우

(보청기 제품 품질 문제) 시범 사용한 보청기는 잘 들렸으나 막상 구매한 보청기는 몇 번이나 제대로 피팅해도 잘 안 들리거나 제품 작동이 제대로 되지 않는 등 보청기 제품 자체에 문제가 있다고 의심되는 경우

(보청기 판매점의 지식 및 서비스 불충분) 보청기를 사용할 수 없는 소비자에게 판매하거나, 에프터케어 약속을 지키지 않아 소비자가 적절한 상태에서 보청기를 사용하지 못하거나, 판매 종사자의 수준이 전문적이지 않아 피팅을 여러 번 했으나 여전히 잘 들리지 않는 등 보청기 판매점에 문제가 있는 경우

문제 해결을 위한 포괄적 질문

_____

_____

문제 해결을 위한 세부적 질문

_____

_____

3장

One Message
관점을 엮어 의미를 찾다

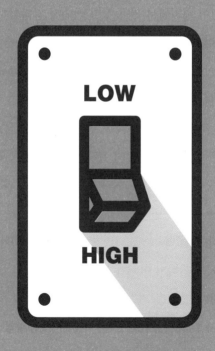

1. 복잡한 생각을 정리하는 법

수많은 파편이 머리에서 왔다 갔다 하면서 정리되지 않을 때는 어떻게 해야 할까? 정리를 잘하는 사람이라면 한숨을 쉬기 전에 일단 종이에 적어가며 머릿속 생각들을 표현해볼 것이다. 그다음은 무엇을 할까? 자신이 표현한 것들을 유사한 것끼리 묶는 작업을 할 것이다. 결국 생각을 정리할 때의 핵심은 하나의 덩어리로 만드는 것이다. 이렇게 유사한 것끼리 덩어리지어 묶는 것을 그룹핑Grouping이라고 한다. 반대로 생각의 파편이 너무 큰 덩어리로 묶여 있으면 어떻게 해야 할까? 이때는 그룹핑의 반대인 브레이크다운Breakdown을 진행한다. 덩어리가 너무 크면 핵심이 뭔지 파악하기 어렵기 때문이다.

기획도 그렇다. 문제를 바라보는 관점, 문제 해결 방안, 해결 방안에 대한 세부 과제를 도출할 때 우리는 그룹핑과 브레이크다운을 한다. 수많은 자료를 본 다음에 그 자료에서 얻은 내용을 그룹핑하여 핵심 이슈를 도출한다. 반대로 하나의 핵심 이슈는 다시 쪼개서 세부 이슈나 과제를 도출한다. 그래서 그룹핑과 브레이크다운만 잘해도 기본적인 기획을 할 수 있다. 앞서 말했듯, 사람들이 퍼즐을 맞출 때 유사한 색깔이나 그림 조각을 가지고 맞추는 것처럼 말이다. 아이디어를 도출할 때 수렴과 발산을 반복하듯이 그룹핑과 브레이크다운을 반복해서 하다 보면, 어느 순간 기획이 자연스레 된다. 기획의 핵심인 콘셉트 도출도 결국은 수많은 데이터에서 핵심을 추출하는 그룹핑 작업의 일환이다.

이런 생각의 구조화에서 핵심은 MECE이다. MECE는 'Mutually Exclusive, Collectively Exhaustive'의 약자로 어떤 것을 분류할 때 '상호배타적Mutually Exclusive이고 전체적으로 누락이 없어야 한다Collectively Exhaustive'이다. 중학교 수학 시간에 배운 합집합과 교집합 개념으로 설명을 하면, 'Mutually Exclusive'는 교

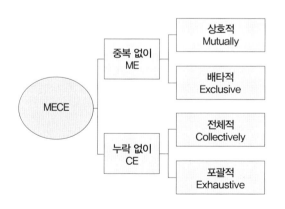

그림 14. MECE의 개념

집합이 없음을 뜻하고 'Collectively Exhaustive'는 합집합을 의미한다. MECE는 기본적으로 브레이크다운 기술이지만 역으로 그룹핑할 수도 있다.

MECE에 대해 좀 더 생각해보자. 가장 쉬운 예가 성별에 따른 구분이다. 사람을 성별로 구분하면 남자와 여자로 나눌 수 있다. 이 분류는 MECE에 맞다. 연령대별로 나누면 10세 미만, 10세 이상~20세 미만… 등으로 나눌 수 있는데, 이 또한 MECE 원칙에 맞다.

그럼, MECE가 아닌 경우를 한번 볼까? 먼저, 상호배타적이지만 전체를 포괄하지 못하는 경우를 보자. 생물을 분류할 경우, 단순히 포유류와 조류라고 했다면 이는 분명 잘못된 분류이다. 생물에는 파충류도 있기 때문이다. 다음으로 전체를 포괄하지만 상호배타적이지 못한 경우를 보자. 여성을 미혼, 기혼, 직장인으로 분류했다면 이 또한 잘못된 것이다. 여성을 결혼 여부에 따라 미혼과 기혼으로 구분할 수 있지만 직장인은 다른 기준으로 미혼 직장인, 기혼 직장인이 있을 수 있기 때문이다. 마지막으로 상호배타적이지도 전체를 포괄하지도 못하는 경우를 보자. 한 학급의 학생을 영어를 잘하는 학생, 수학을 잘하는 학생으로 구분했다면 이 또한 잘못된 것이다. 영어와 수학으로 구분하는 것은 상호배타적이지 못할 뿐만 아니라 전체 학급의 학생을 두 가지 분류로 포괄할 수 없기 때문이다. 이와 같이 MECE

는 어떤 것에 대한 명확한 기준을 가지고 있어야 하며, 그 기준도 정말 타당한지 살펴봐야 한다.

만약 팀장이 아웃도어 시장 보고서를 작성하라고 지시했다고 하자. 그런데 지시를 받은 팀원이 아웃도어 시장에 대해 등산화, 워킹화, 가방, 성인 등산복, 캠핑용품 등 다양한 제품을 나열하고 시장 동향을 작성했다면 어떨까? 더군다나 어린이나 여성용 의류도 있다며 별첨을 준다면? 팀장은 이 보고서를 받자마자 혼란스럽지 않을까? 아웃도어 시장의 세부 제품을 나열하면 아웃도어 시장의 전체적인 윤곽을 잡기 힘들다. 하지만 MECE에 따라 시장을 분류해 보고서를 작성했다면 어떨까? 예를 들어, 시장을 의류와 비의류로 구분한다. 전체 시장에서 의류 비중은 80%, 비의류는 20%이고, 다시 비의류는 신발(등산화/워킹화), 장비/용품(가방, 캠핑용품) 등으로 분류했다면? 시장이 한눈에 보이면서 말하고 싶은 게 명확해지지 않을까?

MECE는 문제를 바라보는 관점, 문제점 분석, 해결책 모두에 영향을 미치는데, MECE가 적용되지 않으면 상대방은 혼란에 빠진다. 중복된 관점의 설명을 계속해서 들어야 하기 때문이다. 그럼, 상대방을 혼란에 빠뜨리지 않도록 생각을 구조화시켜주는 MECE에는 어떤 유형이 있을까?

첫째, 이분법이다. 남자와 여자, 우리 지역 거주자와 타지역 거주자, 나와 다른 사람 등으로 나눌 수 있다. 이뿐인가? 유형과 무형, 개인과 법인, 공급과 수요, 사내와 사외 등 다양하다. 이런 이분법적 사고는 어떤 대상을 명확하게 분류할 수 있고, 이에 기초해 계속 세분화할 수도 있다. 예를 들어, 사람은 남자와 여자, 여자는 미혼과 기혼으로 분류할 수 있다. 이분법적 사고는 MECE의 기본 유형이다. 실제 기획에서는 두 집단으로 크게 분류하는 것보다 남녀 구분에서 기혼과 미혼으로 구분하는 것처럼 세분화하는 경우가 많다.

둘째, 절차나 단계이다. 절차나 단계는 이슈를 분해할 때 많이 활용하는데, 기업의 가치 창출 흐름을 보여주는 가치사슬value chain이 대표적이다. 가치사슬은 개발, 생산, 제조, 판매, 서비스로 구분된다. 만약 경영 진단을 위해 프레임을 설정한다면, 가치사슬 관점에서 할 수 있다. 개발, 생산, 제조, 판매, 서비스 등 각 부문에 어떤 이슈가 있고 이슈 파악을 위해 어떤 활동을 해야 하는지 검토해볼 수 있다. 계획하고 실행하고 검토하는 'Plan, Do, See'도 이 유형에 속한다.

셋째, 다양한 기획 툴을 활용할 수도 있다. 기획 툴도 MECE한 분석 프레임이다. 다음과 같은 툴이 대표적이다.

☑ 전략 방향 설정을 위한 SWOT: 강점, 약점, 기회, 위협

☑ 마케팅 환경 분석을 위한 3C: 고객(Customer), 경쟁사(Competitor), 자사(Company)

☑ 거시 환경 분석을 위한 PEST: 정치(Political), 경제(Economic), 사회
(Social), 기술(Technological)

그런데 MECE를 활용하여 그룹핑과 브레이크다운을 할 때 중
요한 것은 명확한 기준이다. 분류하든, 묶든 하나의 기준이 있어
야 한다. 그렇지 않으며 MECE한 분류가 이루어지지 않는다. 예
를 들어, 자동차를 분류한다고 하면 크기, 용도, 엔진 배기량, 연
료, 구동 방식, 국산/수입 등 다양한 기준을 가지고 할 수 있다.
크기를 기준으로 삼으면 소형차, 중형차, 대형차로 분류할 수 있
다. 그런데 이런 기준에 연료라는 기준이 들어와 소형차, 중형
차, 대형차, 디젤차 등으로 분류한다면 어떨까? 분류가 이상해
진다. MECE하지 않다. 크기를 기준으로 잡았다면 용도, 엔진 배
기량, 연료, 구동 방식, 국산/수입 등은 분류 시 배제해야 한다.
그렇지 않으면 크기로 분류한 다음, 연료를 기준으로 다시 세분
화하는 것이 좋다.

MECE는 개념상으로는 쉽지만 실무 적용은 어렵다. 일단 전
체 큰 판을 봐야 하고, 또한 관점(기준)을 잘못 설정하면 한쪽으
로 치우친 분류가 될 수도 있기 때문이다. 그래서 MECE는 쉬운
거라도 꾸준히 연습해야 실무에 능숙하게 적용할 수 있다.

아래 [그림 15]를 보자. 좌측의 그림은 A와 B 관점으로 구분
했지만 B 관점에 너무 치우쳐 있다. 이럴 경우, A-B 관점이 아

닌 다른 관점으로 재분류하거나 B 관점을 세분화해 보는 게 필요하다. 그래서 아래처럼 분류해야 한다.

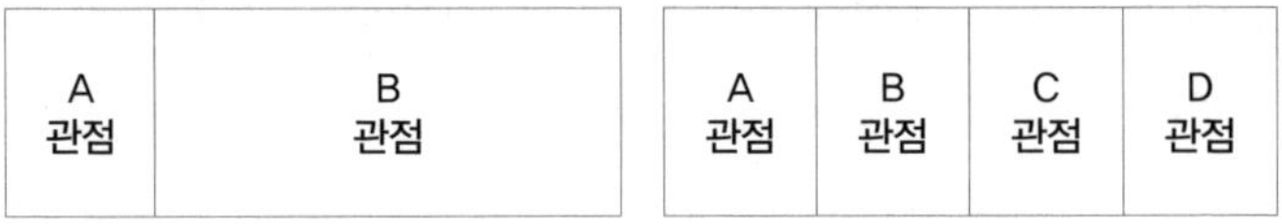

A 관점	B 관점

A 관점	B 관점	C 관점	D 관점

그림 15. 잘못된 MECE와 올바른 MECE

2. 현장과 고객의 관점에서 메시지가 나온다

기획은 책상에서 현장으로 이동하는 것이다. 이게 무슨 말일까? 회사에서 스태프 조직과 현장 조직 간에는 항상 갈등이 발생한다. 회사에서는 "현장도 모르면서 기획한다고?" 혹은 "정말 고객과 한 번이라도 이야기해본 거야?"라는 말이 오간다. 그런 면에서 기획자는 현장을 경시해서는 안 된다. 기획의 핵심에는 항상 고객이 있고 고객은 현장에 있으므로 현장 이해 없이는 구체적인 기획안이 나오기 어렵다. 또한 아무리 현장 경험이 있어도 현장은 시시각각 변하기 때문에 항상 현장을 모니터링하고 새로운 변화의 흐름을 포착해야 한다.

만약 강남에 매장을 하나 낸다면 어떻게 해야 할까? 고객 구매 데이터만 분석하면 좋은 매장 구성이 나올까? 그렇지 않다. 실제 매장에 가서 시간대별로 방문 고객의 나이, 시간, 매장 내 동선, 주요 구매 상품 등을 관찰해야 한다. 컴퓨터와 종이 속 숫자, 그래프만으로 판단하지 말고 시시각각 변하는 살아 있는 현장을 직접 살펴야 제대로 된 매장 구성이 나올 수 있다.

특히 매장을 새로 열 때는 해당 지역에 가서 해당 상권이 어떻게 형성되어 있는지를 주중/주말/공휴일 시간대별로 구분하여 꼼꼼히 살펴봐야 한다. 그래야 단기간에 손익분기점을 넘을 수 있다. 더 나아가 다른 지역 매장과 어떤 차이점이 있는지 하나씩 검토하면서 매장 구성의 차별화 포인트를 찾아야 한다.

롯데하이마트 같은 IT 및 가전제품을 판매하는 대형 마트가 있다고 생각해보자. 전국에 있는 롯데하이마트 지점이 모두 동일한 전략을 구사할까? 그렇지 않을 것이다. 예를 들어, A 지점이 20~30대 고객층이 많은 장소에 있다면 20~30대를 타깃으로 IT 및 디지털 제품을 구성할 수 있다. 또 모바일 코너를 다른 지역 매장보다 서너 배 정도 더 크게 해서 젊은 고객을 유치할 수도 있다. 반면, 고소득층이 거주하는 지역이라면 어떨까? 전자제품 명품관을 개설해 고가의 IT 및 가전제품을 판매할 수 있다. 또한 그 지점에 한해서 초대형 가전제품을 전시 판매해 프리미엄 이미지를 높일 수도 있다.

이번에는 카페를 한번 생각해보자. 흔히 카페에 사람이 많이 있으면 '요즘 카페가 잘되는 것 같은데, 나도 한번 해볼까?'라고 생각한다. 특히 비싼 커피를 점심시간만 되면 직장인들이 하나씩 들고 다니는 것을 볼 때면 '아직도 커피 장사가 잘되나 보다'라고 생각할 수 있다. 하지만 정말 잘되는지는 충분한 조사가 필

요하다. 현장에서 기획의 실마리를 찾으려면 단순한 관찰로는 한계가 있다. 다음 내용을 한번 보자.[1]

점심시간이 한 시간 넘게 남았지만 33㎡(10평) 남짓한 공간에 놓인 테이블 아홉 개는 이미 손님들로 가득 차 앉을자리가 없었다. 20대 중후반으로 보이는 젊은 남녀들이 자리한 테이블 위로 노트북과 공책, 필기구가 눈에 띈다. '유명 프랜차이즈 카페가 아니어도 커피 맛이 좋고 가격이 저렴해 장사가 잘되는구나'라고 생각할 때쯤 "이대로면 가게 문을 닫아야 한다"는 카페 사장의 볼멘소리가 들려왔다. 음료 한 잔 시켜놓고 종일 공부하는 취업준비생들이 많아 매출이 저조하다는 것이다.

위 내용에서 보듯 그냥 지나치면서 카페를 보는 것과 몇 시간 동안 카페에 있으면서 판매 현황을 보는 것은 분명 다르다. 동네 카페에 사람이 많이 있더라도 그 카페에 있는 사람의 인당 구매액을 살펴봐야 한다. 그뿐만이 아니다. 커피를 구매한 사람이 테이크아웃을 하는지, 아니면 카페에서 먹는지를 살펴봐야 할 것이다. 즉, 전체 매출에서 테이크아웃 비중을 파악해야 한다. 더 나아가 커피를 구매한 사람이 카페에 머무는 시간, 즉 체류 시간도 봐야 한다. 해당 카페의 사람들이 카페 주인에게 실질적인 매출을 올려주는 고객인지 아닌지를 파악해야 하기 때문이다.

이렇게 현장을 제대로 관찰하지 않으면 그저 현장에 머무는 것에 불과하다. 제대로 된 기획자라면 현장이 어떻게 구성되어 있고 어떤 식으로 돌아가는지, 현장에 미치는 요인은 무엇인지 꼼

꼼히 살펴야 한다. 이때 자신이 가지고 있는 고정관념도 버려야 한다. 우리가 흔히 이야기하는 상식도 마찬가지다. 다음의 가정을 보자.

"경기 침체로 저가 제품에 대한 니즈가 높아질 것이다."

이 말은 사실일까? 아마 그럴 것이다. 하지만 이런 고정관념은 새로운 기회를 놓치게 한다. 큰 틀에서는 맞을 수 있어도 고객 연령, 제품 유형, 지역에 따라 저가와 고가 상품의 니즈가 달라질 수 있기 때문이다.

다음 기사를 보면서 그 고정관념을 타파해보자.[2]

경기 침체가 이어지고 있지만 올해는 특히 양극화 소비가 심하게 나타났다. 롯데멤버스에 따르면 국내 럭셔리 시장은 꾸준히 성장해 지난 2년 사이 약 3.5배 커졌다. 특히 20대는 2017년 3분기 대비 명품 구매 건수가 약 7.5배 증가했고, 연령대별 이용 비중에서도 6.4% 늘었다. 밀레니얼 세대들은 명품 신상을 사기 위해 줄을 서고, 이를 사진으로 찍어 본인의 SNS에 올리기도 한다. 명품을 구매한 뒤에는 언박싱(박스 포장을 여는 것)하는 과정을 동영상으로 찍어 유튜브에 올린다. '행복하기 위해 소비한다'는 밀레니얼 세대는 SNS에 구매 인증을 올림으로써 그 소비를 완성하는 것이다. 사회 초년생이나 일반 직장인의 경우에는 생활용품 같은 반복 소비 물품에 대해서는 적은 돈을 들이면서도 자기만족을 위한 것에는 돈을 아끼지 않고 있다. 전문가들은 저성장과 불황이 이어지는 상황에서 자신을 조금이라도 더 과시하기 위해 고가 제품을 선택하는 경향이 있다고 분석했다.

어떤가? 경기 침체는 저가 시장을 성장하게 하지만 소비의 양극화로 럭셔리 시장도 성장하게 할 수 있다. 또한 럭셔리 시장이라고 해서 20대가 배제될 필요도 없다. 만약 단순히 자신의 고정관념으로만 상황을 판단한다면, 이런 상황을 이해할 수 있을까?

그런데 고정관념을 깨려면 현장에 대한 이해와 배움이 있어야 한다. 회사에서는 기획뿐만 아니라 영업도 매우 중요한데, 그이유는 현장에서 실제 고객을 만나고 고객의 목소리를 항상 듣고 있기 때문이다. 이를 통해 제품을 어떻게 개선할지, 어떤 제품을 출시할지, 고객별로 마케팅은 어떻게 진행해야 할지 등을 알게 된다. 현장은 고객의 소리가 있는 곳이고 고객의 소리는 결국 기획으로 연결되어야 한다. 그렇지 않고 책상에서만 한 기획은 현실성이 없고 전혀 고객을 고려하지 않은 죽은 기획이 된다.

핸드메이드 플랫폼 시장에서 1위를 하고 있는 아이디어스라는 스타트업이 있다. 핸드메이드 플랫폼이라는 소리를 들었을 때, 처음에 딱 든 생각은 그 시장에서 사업이 가능한가였다. 이 회사를 창업한 김동환 대표도 사업 초기에 투자를 받기 위해 VC(Venture Capital, 벤처캐피털)를 찾아갔을 때 "핸드메이드는 시장도 크지 않고, 아이디어도 새롭지 않은데 어떻게 투자하겠냐"라는 말을 들었다고 한다.[3]

그럼에도 그는 작가들을 직접 만나서 시장을 조사하고 사업을 추진했다. 특히 수공예 플랫폼을 시작한 계기가 홍대, 합정 등을 돌아다니며 수공예 작가들과 이야기를 나누면서 사업이 필요하다고 생각했기 때문이라고 한다. 현재 아이디어스의 월 평균 실사용자 수는 260만여 명, 누적 거래액은 1,700억 원을 넘어섰다고 한다.[4] 아이디어스는 수공예품, 디저트, 농축수산물 등의 제품 판매뿐만 아니라 '금손클래스'라는 이름의 온라인 교육까지 진행하고 있다.

이처럼 현장에서 정보를 수집하는 태도는 근본적인 문제 해결로 가는 지름길이다. 또 문제를 해결해줄 다양한 깨달음도 준다. 그러므로 아무리 기획통이라는 자부심이 있어도 현장을 경시하지 말고 오히려 수시로 현장에 가서 사람들과 커뮤니케이션하며 살아 있는 기획을 만들어내는 것이 필요하다. 그래야 고객의 니즈를 정확히 파악할 수 있다.

그런데 현장(시장) 조사를 할 때 유념할 점이 있다. 자신이 고객이라고 생각하고 기업체의 설문 조사에 응한다고 생각해보자. 해당 기업이 제시한 제품의 다양한 특성을 보고 고객 평가를 하고, 때로는 경쟁사 대비 해당 제품의 특성도 비교할 것이다. 하지만 이때 설문에 응하는 고객은 해당 기업이 제시한 비교 항목만 평가하지 그 이상은 생각하지 않는다. 즉, 주어진 질문에 대해서만 생각할 뿐이다.

《디퍼런트: 넘버원을 넘어 온리원으로》의 저자 문영미 교수는 성공한 아이디어 브랜드들의 공통점이 시장 조사를 바탕으로 전략을 수립하지 않은 것이라고 했다.[5] 시장 조사가 기업의 전략 수립에 중요한 요소이기는 하지만 혁신을 위한 발판은 되지 못한다는 것이다.

애플의 스티브 잡스Steve Jobs가 시장 조사보다 직관을 믿은 것도 아마 같은 이유일지도 모른다. 스티브 잡스는 아이패드 출시 때에도 시장 조사를 하지 않는다고 하면서 고객이 혁신적인 아이디어를 제공하지 못하기 때문이라고 했다. 즉, 고객은 혁신보다 개선에 초점을 둔다는 것이다.

3. 거시적 관점에서 자료를 수집하라

거리에 나가면 음식 배달 오토바이를 어렵지 않게 볼 수 있다. 만약 여러분이 배달의 민족, 배달통, 요기요 등의 음식 배달 서비스업에 종사하고 있다면, 어떤 신규 서비스를 생각할 수 있을까? 그저 음식점과 소비자를 연결해주기만 하면 될까? 모든 사업이 그렇지만 배달 서비스업도 큰 그림에서 접근해야 좋은 사업 아이템을 찾을 수 있다.

배달 시장에 대한 거시적 관점(큰 그림)을 가진 업체를 찾는다면 부릉VROONG 서비스를 운영하는 메쉬코리아를 들 수 있다. 메쉬코리아는 자동 배차 솔루션, 실시간 배송, 4륜 배송, 당일 배송 등으로 배송 서비스를 다양화했다. 그 결과 2016년 52억 원의 매출을 올린 후, 지속 성장하여 2019년 1,614억 원의 매출을 달성했다. 3년간 연평균 성장률이 247%에 달했다. 만약 어떤 기획을 통해 성공하고 싶다면, 메쉬코리아처럼 남들이 집중하고 있는 것에서 살짝만 벗어나면 된다. 하나의 트렌드가 있다면, 그

트렌드에만 집중할 게 아니라 여기에서 파급되는 게 무엇이 있는지 봐야 한다. 그게 바로 큰 틀에서 접근하는 첫걸음이다.

큰 그림을 통한 접근은 사업 추진뿐만 아니라 회사의 모든 업무에도 적용된다. 정보 수집도 그렇다. 회사 업무의 50% 혹은 그 이상은 정보 수집도 연속이라고 해도 과언이 아니다. 하루에도 몇 번씩 시장 조사를 하고 시장의 현재 상황, 전망, 경쟁업체 동향을 파악한다. 이때 가장 힘든 일은 생소한 시장에 접근하는 것이다. 초기라 시장 상황이 국내에 많이 소개되지 않았거나 혹은 규모가 작아서 시장 관련 보고서가 없을 경우, 자료 수집은 너무도 힘들다. 하지만 기획에서 시장 이해는 탄탄한 토대를 다지는 일이어서 소홀히 하기도 어렵다. 이럴 경우 기획자 입장에서는 해당 정보가 하늘에서 뚝 떨어지기라도 했으면 하는 생각도 든다. 시간 가는 줄 모르고 자료를 수집하다 보면 야근이 눈앞에 와 있어서다.

이런 상황에 부딪쳤을 때, 사람들은 대부분 어떻게 할까? 지인에게 전화를 걸어 시장에 대해 아는 것이 있는지, 관련 자료는 없는지, 전문가는 없는지 등을 묻는다. 자료가 없다면 구글링을 통해 관련 자료를 조금이라도 수집하려고 한다. 혹은 회사에서 구독하는 시장 조사 DB가 있다면 DB를 찾아보기도 하지만 이런 경우는 드물다. 결국 어떤 식으로든 자료를 찾지 못하면 기획자는 매우 암담해진다.

그런데 이런 자료 수집도 무작정 키워드 중심으로 검색하기보다는 거시적 관점에서 접근해야 한다. 자신이 그린 큰 그림 속에서 찾고자 하는 시장이 어떤 산업에 속하고 이와 연관된 산업에는 무엇이 있는지 등을 알아야 한다.

예를 들어, 팀장이 콘텐츠 관련 플랫폼 시장을 조사해보라고 했다면 어떻게 해야 할까? 콘텐츠 시장에 맞춰 조사해도 되지만 '콘텐츠'는 굉장히 포괄적이다. 이런 경우 콘텐츠 시장이 어떻게 구성되어 있는지, 세부 분야에는 무엇이 있는지 이해하고 접근한다면 어떨까? 혹은 콘텐츠, 네트워크, 플랫폼, 디바이스의 관점에서도 접근해볼 수 있지 않을까? 결국 콘텐츠는 네트워크를 타고 플랫폼으로 가서 디바이스를 통해 우리에게 보이기 때문이다. 또는 콘텐츠 공급, 콘텐츠 유통, 콘텐츠 서비스의 관점에서 바라보는 것은 어떨까? 콘텐츠 유통의 관점에서 보면, 콘텐츠는 개발되는 게 아니라 다른 사람들에게 공급받는 것이고 카카오페이지처럼 사람들이 스마트폰으로 볼 수 있도록 서비스가 되기 때문이다.

이처럼 모든 것에는 다양한 관점이 존재하는데, 어떤 관점에서 보느냐에 따라 찾아야 할 정보가 달라지고 이와 연계해 조사할 협회, 기관, 기업 등도 달라진다. 결국 거시적 관점에서 접근하면 시장의 다양한 모습을 파악할 수 있고 시장에 흩어진 조각들을 어떻게 맞춰야 하는지도 알 수 있다.

[그림 16]은 애플의 비즈니스 생태계를 도식화한 것이다. 하나의 사업을 이해하려면 이처럼 다양한 이해 관계자들을 파악해야 한다. '애플' 하면 앱스토어가 가장 먼저 떠오르지만, 그 이면에는 더 많은 관계가 존재하기 때문에 자료를 찾을 때는 이렇게 큰 그림을 그려야 한다.

이를 위해 먼저 무엇을 해야 할까? 시장을 보는 자신만의 관점에 따라 관련 협회, 조직, 전문가 모임 등을 파악해야 한다. 특히 협회나 조직에 들어가면 시장과 관련된 다양한 정보 원천 파악이 가능하다. 협회나 조직이 크면 시장 정보를 바로 얻을 수

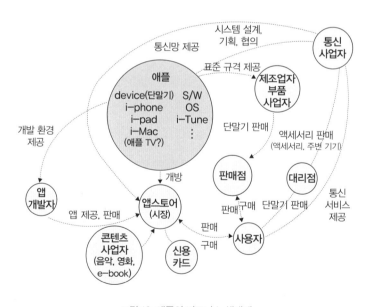

그림 16. 애플의 비즈니스 생태계

있지만, 만약 크지 않다면 해당 시장과 관련된 사업 아이템이나 유사 기관 등을 파악한 후에 또 다른 정보의 원천에 가서 자료 수집을 할 수 있다. 혹은 관련 협회나 기관 사이트를 정리해놓은 경우도 있어서 그 사이트를 하나씩 하나씩 찾아 들어가면 된다.

두 번째는 해당 시장 관련된 주요 키워드를 꼬리 물기식으로 계속 검색해 들어가는 방법이다. 보통 시장 검색을 하면 관련 업체가 나온다. 만약 상장된 업체라면 증권사 보고서, 공시 자료 등을 쉽게 찾을 수 있다. 이 보고서나 자료를 보면서 관련 키워드를 찾는다. 키워드를 찾고 다시 검색해 새로운 자료를 찾는다. 이를 반복하면 초기 검색어로 찾은 것보다 더 다양한 자료를 찾을 수 있다. 꼬리 물기식 검색은 시장과 관련한 다양한 키워드 검색을 통해 시장의 큰 그림을 파악하게 한다.

세 번째는 가치사슬 분석 방법으로 자신이 속한 산업 외에 전방 산업과 후방 산업을 함께 살펴보는 것이다. 예를 들어, 전자책의 가치사슬은 콘텐츠 제작, 전자책 출판, 유통 플랫폼, 단말기로 구성된다. 우리 회사가 전자책 유통 플랫폼 회사라면 전방 산업은 단말기, 후방 산업은 콘텐츠 제작, 전자책 출판이다. 전자책 유통과 관련한 자료를 찾는다면, 유통 플랫폼 외에 가치사슬에 있는 다른 산업을 찾아보는 것이다. 가치사슬에 있는 다른 산업에서도 유통 플랫폼 내용을 다루기 때문이다. 그러면 찾기 어렵던 자료도 생각보다 쉽게 찾을 수 있다. 그런데 보통은 '전자책 유통'이라는 하나의 키워드에만 집중해 자료를 찾다 보니 항상 자료 찾기가 어려운 것이다. 거시적 관점에서 접근하면 더 많은 것들을 볼 수 있다.

이마저도 자료 찾기가 어렵다면 마지막 네 번째는 현장 조사다. 현장 조사는 좀 더 구체적인 내용을 파악하고자 할 때 하는 방법으로, 관련 업체를 직접 방문하거나 고객을 대상으로 인터뷰를 해보는 것이다. 이를 통해 시장에 대한 개략적인 상황, 주요 업체, 최근 이슈 등을 정리해 하나의 시장 보고서를 만들어볼 수 있다. 때에 따라서는 검색에서 나오지 않는 업계 현황이나 관련 내부 자료를 받을 수도 있다.

정보 수집은 많은 시간을 들일수록 더 많은 정보를 찾을 수 있다. 하지만 일정 수준이 지나면 정보의 양이나 질이 한계에 다다르므로 정보 수집에는 두세 시간 이상은 할애하지 않는 것이 좋다. 한 시간 정도 하고 자료를 읽은 후 학습한 내용을 바탕으로 조사를 다시 하는 것이 좋다. 명심해야 할 것은 항상 거시적 관점에서 자료를 수집해야 한다는 사실이다.

4. 관점을 구조화하는 로직트리

요즘 김 대리는 머리가 너무 아프다. 최 팀장이 스마트폰 매출 향상을 위한 기획서를 작성해오라고 했기 때문이다.

"모두 알다시피 기획서란 게 어디 뚝딱 나오는 거던가?"

팀장한테 보여줘야 할 시간은 다가오는데, 머릿속에서는 스마트폰만 맴돌고 있다. 어찌 되었든 김 대리는 스마트폰 매출 관련 데이터를 바탕으로 기획서를 작성했다. 그리고 결전의 날이 다가와 팀장한테 메일을 보냈다. 그러자 팀장은 바로 김 대리를 호출했다.

"분석한 내용은 봤는데, 그러니까 현재 스마트폰 시장의 이슈가 도대체 뭐야?"

김 대리는 혼자 '이게 무슨 소리지? 이슈라니? 데이터 분석을 했는데…, 그거 보면 되는 거 아니야?'라고 생각했다.

여러분도 이런 경험이 있지 않은가? 기획을 하다 보면 많은 사람이 분석에 몰두한 나머지 현 상황에 대한 이슈를 생각하지 않는다. 김 대리도 그랬다. 기획이란 결국 방향성이 나와야 한다. 그런데 현 이슈를 제대로 파악하지 못한 채 분석 데이터만 쭉 나열한다면 어떤 기획이 나올지는 너무 뻔하다.

김 대리는 최 팀장의 이슈에 대한 질문 때문에 '기획' 자체에 대해 혼란스러워진다. 사실 기획서의 틀이 흔들리는 가장 큰 이유는 이슈를 제대로 분석하지 않아서다. 사람들이 퍼즐을 맞출 때, 큰 틀을 생각한 다음 퍼즐의 핵심(이슈)이 무엇인지를 고민하면서 맞추듯이 기획도 그렇게 해야 한다. 특히 문제에 체계적으로 접근하려면 이슈가 구조화되어 있어야 한다. 구조화란 이슈들이 아무렇게나 나열되지 않고 유사한 것은 유사한 것끼리 묶고 불필요한 것은 버리는 식으로 잘 정리되어 있어야 한다는 뜻이다. 구조화는 흐트러져 있는 생각의 정리다.

예를 들어보자. 방에 정리되지 않은 옷, 책, 먹다 남은 음식, 씻지 않은 그릇 등이 널려 있다고 상상해보자. 어지럽게 정리되지 않은 방을 자신의 머릿속 사고 모습이라고 생각했을 때, 과연 현재 상황을 잘 파악하여 문제에 맞는 해결책을 제시할 수 있을까? 아마 쉽지 않을 것이다. 해결책을 제시하려면 먼저 머릿속

그림 17. 로직트리의 기본 구조

을 정리하는 작업이 필요하다. 옷과 책은 큰 방으로, 음식과 그릇은 주방으로 옮기고 옷은 옷장에, 책은 책장에 꽂아두어야 한다. 그리고 먹다 남은 음식은 냉장고에 넣고 씻지 않은 그릇은 설거지통에 담가둔다.

마찬가지로 문제가 제시되면 문제를 해결할 기준(혹은 관점)을 설정하고 그에 맞는 해결책을 도출해야 한다. 이때 필요한 것이 생각을 정리해주는 로직트리Logic Tree다. 로직트리의 기본 구조는 [그림 17]과 같으며, 산재한 생각들을 나뭇가지처럼 만든다.

로직트리는 크게 네 가지로 나눌 수 있는데, 첫 번째 스토리형은 하나의 과제에 대해 큰 그림(거시적 관점)으로 접근하며 주로 질문 형태로 제시된다. 컨설턴트들이 주로 하는 핵심 질문Key Question을 제시하고 그 질문을 다시 하위 질문Sub Question으로

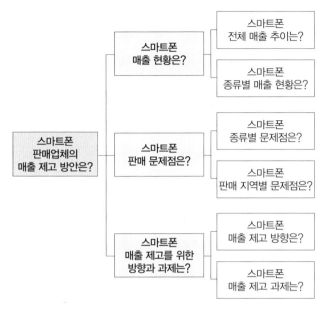

그림 18. 스토리형 트리

세분화한다. 주로 기획서의 전체적인 틀을 설정하거나 구성하는 데 사용한다. 한 예로 스마트폰 판매업체의 매출 증가 방안을 기획한다고 할 때, 현재 스마트폰 매출 현황이나 스마트폰 판매 문제점, 스마트폰 매출 제고를 위한 방향과 과제 등을 트리로 만들 수 있다. 이슈를 세분화하면 [그림 18]과 같다.

두 번째, 원인규명형은 문제의 근본 원인을 찾을 때 사용한다. 다양한 원인에 대해 '왜'를 반복하면서 문제의 근본적인 해결 방안을 위한 진짜 원인을 찾는 것이다. 예를 들어, 스마트폰 판매업체의 영업 사원 1인당 판매량이 감소하고 있다면 그 원인은

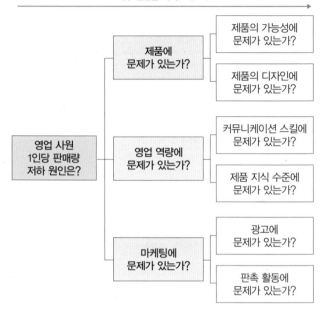

세부 원인을 파악(Why So)

	제품에 문제가 있는가?	제품의 가능성에 문제가 있는가?
		제품의 디자인에 문제가 있는가?
영업 사원 1인당 판매량 저하 원인은?	영업 역량에 문제가 있는가?	커뮤니케이션 스킬에 문제가 있는가?
		제품 지식 수준에 문제가 있는가?
	마케팅에 문제가 있는가?	광고에 문제가 있는가?
		판촉 활동에 문제가 있는가?

그림 19. 원인규명형 트리

제품, 영업 역량, 마케팅 관점에서 생각해볼 수 있다. 이러한 관점에서 [그림 19]처럼 '왜'를 반복하면서 진짜 원인을 찾는 것이다.

세 번째, 해결책형은 핵심 문제에 대한 해결 방안을 제시할 때 사용한다. 그래서 보통 머릿속으로 '그래서 어떻게 해야 하는데?'를 생각하면서 트리 구조를 만든다. 예컨대, 스마트폰 판매업체의 수도권 지사 매출 증대 방안은 지사 조직의 확대, 지사 조직의 생산성 증대로 구분할 수 있다. 그리고 각각의 세부 방안

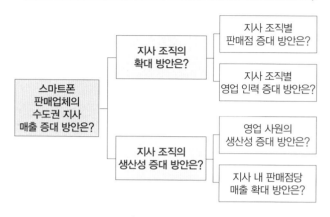

구체적인 해결 방안 제시(So How)

스마트폰
판매업체의
수도권 지사
매출 증대 방안은?

지사 조직의
확대 방안은?

지사 조직별
판매점 증대 방안은?

지사 조직별
영업 인력 증대 방안은?

지사 조직의
생산성 증대 방안은?

영업 사원의
생산성 증대 방안은?

지사 내 판매점당
매출 확대 방안은?

그림 20. 해결책형 트리

은 [그림 20]과 같이 실행계획을 수립할 수 있도록 구체적인 질문을 던진다.

마지막으로 택일형은 의사결정트리Decision Tree라고도 부르는데, 다양한 대안 중 하나를 선택하는 방법이기 때문이다. 예를 들면, 회사에서 점심을 먹으러 간다고 할 때 첫 번째 단계에서는 한식을 먹고 싶은지, 중식을 먹고 싶은지, 그도 아니면 일식을 먹고 싶은지를 질문한다. 그리고 [그림 21]에서 보듯이 최종적으로 셋 중 하나를 선택한다. 의사결정트리는 전략 기획 초기 단계보다 문제 해결책으로 제시된 대안을 평가할 때 종종 사용한다.

지금까지 네 가지 유형의 로직트리를 설명했는데, 핵심은 로

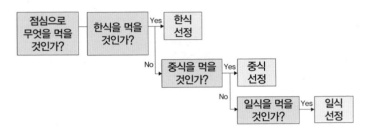

그림 21. 택일형 트리

직트리 형태로 만들었다고 해서 다 같은 로직트리가 아니라는 것이다. 어떤 관점에서 만들었는가이다. 관점만 제대로 잡혀 있다면 로직트리는 정말 '로직'에 맞는 '트리'가 될 수 있다. 문제 해결 초기에는 로직트리를 앞서 제시한 것처럼 생각을 확장할 수 있는 의문형으로 만든다. 하지만 어느 정도 문제의 윤곽이 드러나면 구체적으로 문제를 제시한다. 예를 들어, '커뮤니케이션에 문제가 있는가'는 '고객과의 상담 스킬이 부족하다'로 구체화한다.

5. 발산이 아니라 수렴해야 핵심이 보인다

　기획 회의를 하다 보면 끊임없이 발산만 하는 사람들이 있다. 보통 아이디어를 수렴하고 발산한다고 하는데, 발산은 다양한 아이디어 창출이 핵심이다. 그런데 문제의 핵심이 무엇인지 아직 파악하지 못했을 때는 발산보다 수렴이 필요하다. 자료 분석, 인터뷰, 설문 조사 등 다양한 방법을 통해 문제를 분석했다면, 수렴을 통해 도대체 문제의 핵심이 무엇인지 찾아내야 한다. 이를 통해 하나의 메시지를 도출하는데, 그 메시지가 곧 콘셉트가 된다.

　그렇다면 올바른 수렴 방법은 무엇일까? 그냥 포스트잇을 붙이면서 다양한 아이디어를 펼쳐놓은 다음, 그것을 다시 몇 개의 카테고리로 묶어서 정리하면 제대로 수렴이 되는 것일까? 그렇지 않다. 이런 식으로 하면 문제와 관련해 놓치는 사항이 반드시 나오게 되고 제대로 된 하나의 메시지를 뽑아내기도 어렵다.

　먼저 올바른 수렴 작업을 통해 하나의 메시지를 도출하고 싶다면, 문제 분석을 위한 몇 가지 관점 설정이 필요하다. 말 그대로 큰 틀을 만들어놓고 세 개의 관점이 설정되었다면 세 개의 관점별로 아이디어 워크숍 같은 발산과 수렴 작업을 진행해야 한다. 큰 덩어리의 문제를 놓고 워크숍만 해서는 좋은 콘셉트가 나오기 쉽지 않다. 덩어리가 크다 보니 두루뭉술한 이야기만 나오고 긴 시간을 투자해도 좋은 결과가 나오기 힘들다.

예를 들어, 새로운 제품을 만든다고 생각해보자. 일단 시장, 고객, 경쟁사, 자사 관점에서 현재 상황을 분석해야 한다.

- ☑ 시장: 시장 규모가 크거나 최근 높은 성장률을 기록하고 있는 시장
- ☑ 고객: 최근 드러난 니즈, 숨겨진 니즈, 제품 구매 행태
- ☑ 경쟁사: 최근 출시 제품과 특성, 연구 개발 동향
- ☑ 자사: 지금까지의 출시 제품, 향후 출시될 제품, 제품 개발 역량

각 관점에 대한 분석을 통해 흔히 말하는 시사점을 도출한다. 단순히 지금까지 기술한 사항(팩트)이 아니라 그 안에 담긴 의미를 파악해야 한다. 이렇게 도출된 의미들을 계속해서 수렴하다 보면 결국 하나의 핵심 메시지가 나온다.

다른 관점에서도 수렴 작업을 진행할 수 있다. 제품 디자인, 기능, 가격 등에 대한 세부 작업을 할 때도 결국 관점별로 분석을 진행하고, 수렴에 수렴을 거쳐서 하나의 핵심 메시지를 도출

해낸다. 디자인, 기능, 가격의 핵심 콘셉트를 하나의 단어로 정의하는 것이다. 이렇게 수렴이 되면 그 하나의 메시지를 가지고 다시 발산하는 작업이 이루어진다. [그림 22]처럼 수렴과 발산이 반복되는 것이다.

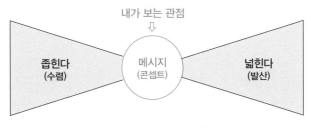

그림 22. 수렴과 발산의 반복

관점 설정을 통해 메시지가 도출되면, 해당 메시지를 다시 의미 있는 단위로 묶는 일, 즉 청크Chunk가 필요하다. 청크는 수많은 정보를 몇 개의 덩어리로 만드는 일로, 이는 단순 요약이 아니라 핵심 메시지를 도출하는 작업이다.[6] 어쩌면 기획은 이런 청크를 계속 만드는 작업일지도 모른다. 앞서 이야기한 MECE도 사실은 청크를 만드는 과정이다.

그렇다면 실제 기획에서는 어떻게 핵심 메시지를 도출할까? 실제 사례로 한번 이야기해보자. 국내 히트 상품 중 신혼부부들이 선호하는 가전제품에는 건조기, 스타일러 등이 있다. 특히 스타일러의 인기가 높은데, 그 이유는 무엇일까? 만약 여러분이

스타일러 기획자라면 사람들의 라이프스타일을 분석하여 어떤 메시지를 도출했을까? 스타일러가 히트 상품이 될 수밖에 없었던 요인은 과연 무엇이었을까?

1. 사회 구조의 변화 측면에서 보면 무엇이 있을까? 1인 가구의 증가, 맞벌이 부부의 증가로 집안일은 어떻게 바뀌고 있을까?

2. 사람들의 라이프스타일은 어떻게 바뀌고 있을까? 욜로, 워라밸 등 자신의 삶을 소중히 여기는 사람들의 라이프스타일은 기존과 어떻게 다를까?

3. 환경 변화는 사람들에게 어떤 변화를 가져올까? 미세먼지, 고온다습한 환경으로 사람들의 삶에는 어떤 변화가 있을까?

4. 생활가전을 구매하는 고객들에게는 어떤 니즈가 숨어 있을까? "매일 빨래하는 게 너무 귀찮다" "세탁소에 맡기고 찾아오는 것도 힘들다" "다림질 작업이 너무 힘들다" "겨울옷은 자주 빨기도 그렇고 세탁비도 만만치 않다" 등 우리가 모르고 있던 사람들의 생각이나 습관은 무엇이 있을까?

사람들이 스타일러를 이용한다면, 대략 이런 변화와 니즈 때문이 아닐까? 결국 스타일러를 기획한다면 이와 관련된 다양한 자료를 보는 게 필요하다. 그리고 앞서 말했듯이 단순히 자료를 나열해서 분석하는 게 아니라 몇 가지 관점을 설정하고 분석해야 한다. 이런 분석 후에는 청크를 만들어 핵심 메시지를 도출해내야 한다. 그게 이 스타일러라는 제품의 핵심 콘셉트가 된다.

그럼 스타일러의 핵심 콘셉트는 무엇일까? '매일 빨 수 없는 옷, 매일 씻어 입자!'가 콘셉트다. 시간도 없는데 매일 빨지 말고 스타일러에 넣고 씻어 입자라는 말이다. 그래서 이런 콘셉트에 기반해 스타일러는 무빙행어, 바지 칼주름 관리기, 트루 스팀 등의 핵심 기능을 장착하고 있다. 이를 통해 매일 빨래를 했을 때 발생하는 옷감의 손상을 최소화하고 유해 세균도 제거한다.[7]

트렌드와 관련된 사례를 가지고 조금 더 이야기해보자. 어떤 제품을 기획하기 위해 아래 다섯 가지 트렌드를 봤다면 도출할 수 있는 하나의 메시지 혹은 단어는 무엇일까?

- ☑ 스타벅스 커피
- ☑ 《하마터면 열심히 살 뻔했다》라는 책
- ☑ 혼밥
- ☑ 워라밸
- ☑ 취미를 찾아주는 하비박스

바로 '나ME'다. 2013년 〈타임〉은 현재의 세대를 '미 제너레이션Me Generation'이라고 표현했다. 자신을 중시하고 행동하는 이 세대를 밀레니얼 세대, 90년대생 등으로 부르는데, 위 다섯 가지 트렌드는 욜로(YOLO, You Only Live Once), 소확행 등을 표현하고 있다.

그런데 이 핵심 단어보다 중요한 것은 무엇을 보든 자신의 관점에서 하나의 메시지로 표현할 수 있어야 한다. 국내외 수많은 사례, 경험 등이 있어도 그것을 하나의 메시지로 표현하지 못하면, 자신의 것으로 만들지 못한 거나 마찬가지다. 기획도 결국은 자신이 본 수많은 자료를 통합해 나만의 시각으로 하나의 메시지를 만드는 작업이기 때문이다.

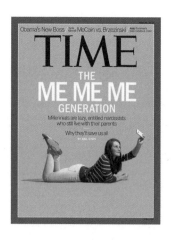

그림 23. '미 제너레이션'을 표현한 〈타임〉 표지

6. 콘셉트의 핵심, 관점 차별화

　TV를 출시하는데 "다양한 기능을 가진 TV입니다"라고 하면 어떨까? 사람들의 마음에 와 닿을까? 당연히 와 닿지 않는다. 고객들은 "도대체 이 TV는 뭐가 좋은 거예요?"라고 되묻게 된다. 그럼 어떻게 얘기해야 좋을까? "이번 저희 회사 TV의 핵심은 '스마트Smart'입니다. 사람이 소파에 앉으면 자동으로 TV가 켜지고 자주 보는 채널을 틀어드립니다"라고 설명하면 어떨까? 혹은 "저희 TV는 정말 눈앞에서 보는 것과 같은 영상을 보여드립니다"라고 한다면? 또는 "정말 영화관에서 보는 듯한 몰입감을 제공해주는 TV입니다"라고 하면? 그러면 사람들은 TV의 여러 기능보다 방금 말한 그 하나에 집중해 TV 구매 여부를 고민할지도 모른다.

　신제품을 기획할 때는 제품의 어떤 점을 고객들에게 전달할지 명확히 알려주어야 한다. 흔히 이야기하는 독특한 판매 포인트가 있어야 한다. 즉, 콘셉트가 명확해야 한다. 그렇지 않으면 말하고자 하는 바를 고객이 빠르게 알아챌 수가 없다. 똑같은 내용을 보더라도 콘셉트가 있느냐 없느냐에 따라 해당 기획의 신선도가 달라지고 내용의 이해 속도도 달라진다.

과일을 판매한다고 생각해보자. 마트에서 "이 과일은 신선하고 맛도 좋습니다"라고 선전하는 것보다 "이 과일은 유기농이어서 몸에 좋습니다"라고 하면 더 높은 판매량을 기록할 수 있다. 소비자들에게는 '유기농'이라는 콘셉트가 더 빨리 마음에 와닿기 때문이다. 보통 제품을 판매할 때는 마케팅을 통해 제품의 콘셉트를 소비자들에게 각인시켜서 마음을 얻는다. 기획서를 쓸 때도 콘셉트를 명확히 하여 보고를 받는 사람의 마음을 사로잡아야 한다. 어떻게 보면 콘셉트는 조금 다르게 포장하는 거라고도 볼 수 있는데, 단순한 물리적 포장이 아니라 사람의 마음을 잡을 수 있는 일종의 감성적 포장이다.

그렇다면 콘셉트는 어떻게 설정해야 할까? 만약 신제품이라면 제품의 속성과 소비자들이 생각하는 해당 제품에 대한 기대를 바탕으로 콘셉트를 설정할 수 있다. 예를 들어 그린, 에코, 웰빙 등은 이런 생각에서 나온 것들이다. 제품의 친환경화나 환경에 무해한 제품을 선호하는 소비자 취향 등에서 에코나 그린, 웰빙 제품의 콘셉트가 나왔다.

기존 브랜드에 대한 재활성화를 기획한다고 해도 콘셉트 설정이 필요하다. 브랜드를 재활성화하는 이유는 오랜 시간 사랑

받아온 브랜드라도 시간이 지나면 고객들의 충성도가 떨어지고 새로운 고객의 등장으로 브랜드 인지도가 낮아지기 때문이다. 이럴 때 브랜드 재활성화가 필수적이다.

이때도 해당 제품의 타깃 고객이 누구인지를 생각하고, 타깃 고객의 니즈를 재파악해야 한다. 그리고 기존 충성 고객들이 해당 브랜드에서 느끼는 감정과 현재 새로운 타깃 고객들이 느끼는 감정의 차이를 파악하여 브랜드를 어떻게 재활성화할지 찾아야 한다. 예를 들어, 최근 여성들의 스포츠 참여가 활발해지면서 스포츠 관련 제품에 대한 여성들의 수요가 증가하고 있다. 그런데 스포츠 브랜드가 남성 중심인 데다가 노후화되고 차별성이 없어서 해당 브랜드를 재활성화해야 한다고 생각해보자. 이를 위해서는 새로운 브랜드 콘셉트를 만드는 것이 필요하다. 여성의 스포츠 참여도를 고려해 여성 중심의 제품 라인을 만들고 여성성을 강조한 스포츠웨어를 통해 브랜드의 정체성을 재정립해야 한다. 즉, 기존 브랜드 콘셉트를 부드러움, 유연성 등으로 수정해야 한다.

콘셉트는 앞서 말했듯이 겉 포장을 바꾸는 작업이 아니다. 사람의 마음을 사로잡을 수 있어야 한다. 그래야 기획이 살아 숨쉬고 다른 사람에게도 마음을 전달할 수 있다. 회의 시간에 "콘셉트가 없어" "콘셉트가 명확하지 않아"라는 말을 수도 없이 하는데, 이제는 진짜 콘셉트가 무엇이고 콘셉트가 없다면 어떻게 만들어야 하는지를 생각하자.

최근 전지현을 광고 모델로 내세우며 급성장하고 있는 마켓컬리는 배송의 관점을 전환한 대표적인 사례이다. 새벽배송을 통해 동종업계에서 차별화를 꾀했다. 쿠팡 또한 로켓배송을 내세우며 경쟁이 치열한 이커머스 시장에서 포지셔닝을 차별화했다. 그래서일까? 주변의 많은 사람이 마켓컬리와 쿠팡 하면 배송을 떠올린다. 마켓컬리의 샛별배송은 저녁 11시에 주문해도 다음 날 아침 7시면 받아볼 수 있다. 쿠팡은 또 어떤가? 주부 중에 쿠팡 아이디가 없는 사람이 없을 것이다. 그래서 이 두 업체 때문에 기존 오프라인 중심의 대형 마트는 실적에 큰 타격을 입었고 결국 새벽배송에 뛰어들기 시작했다. 그래서 마켓컬리의 광고에는 다음과 같은 이야기가 나온다.[8]

컬리는 몰랐습니다
이렇게 많은 분들이
컬리의 뒤를 따라오실 줄은요
국내 최초 새벽배송, 마켓컬리

최근 제2의 밥솥이라 불리는 '쿠커'도 콘셉트의 차별화를 통해 그 영역을 넓혀가고 있다. 요즘 사람들은 밥보다 간편식을 선호하고 바빠서 요리할 시간조차 많지 않은데, 이러한 점에 착안

하여 만든 게 쿠커다. 그렇다면 이 제품의 핵심 콘셉트는 뭘까? 바로 "바쁜 일상 속에 요리 재료만 넣으면 요리가 자동으로 된다"이다. 그것도 한두 개 음식이 아니라 수백 가지가 가능하다. 그래서 쿠첸은 자동 조리가 가능한 '로봇쿠커'를 출시했다.[9] 200가지의 레시피가 있고 재료만 넣어주면 자동으로 온도 조절, 재료 저어주기가 가능하다. 요리하기 힘들다는 생각을 바꿔준 것이다.

이처럼 기획은 기존의 관점을 전환하여 차별화된 콘셉트를 제시하는 과정이다. 기획 단계에서 고객들에게 어떤 콘셉트를 제시해야 치열한 경쟁이 일고 있는 시장에서 타사 제품과 차별화할 수 있을지를 고민해야 한다. 기존 관점과 새로운 관점의 차

그림 24. 쿠첸의 로봇쿠커 소개 내용

이는 무엇인지도 생각해보면서 말이다. 결국 사람들의 머릿속에는 하나의 단어만 남게 되는데, 그게 바로 핵심 콘셉트가 된다.

또 다른 예를 들어보겠다. 2009년 시작한 Mnet의 〈슈퍼스타 K〉 이후 MBC의 〈위대한 탄생〉, 〈보이스 코리아〉, SBS의 〈케이팝스타〉 등의 다양한 오디션 프로그램이 나왔다. 하지만 각 프로그램이 제시한 콘셉트는 달랐고 콘셉트가 명확하지 않은 프로그램은 오디션 열풍 속에서도 인기를 끌지 못했다.

〈슈퍼스타 K〉는 최초의 오디션 프로그램으로 사람들에게 인지되었고, 이런 시도 자체가 해당 프로그램의 콘셉트였다. 심사위원 세 명이 오디션 지원자들의 노래를 듣고 서바이벌 형태로 평가를 했고, 2016년까지 프로그램이 이어졌다. 〈위대한 탄생〉은 2010년에 시작했는데 〈슈퍼스타 K〉와 달리 네 명의 심사위원과 오디션 참가자의 관계를 멘토와 멘티로 설정하며 차별화를 노렸지만, 시즌 3으로 막을 내렸다. 이유는 스타 오디션 참가자를 발굴하고도 가수로 육성할 기반을 마련하지 못한 것도 있지만, 〈슈퍼스타 K〉와 오디션 포맷에서 큰 차별성이 없었던 게 가장 컸다. 시청자들이 볼 때, 멘토와 멘티 관계는 서바이벌 오디션인 〈슈퍼스타 K〉와 다를 게 없었다.

반면, 〈케이팝스타〉는 콘셉트를 차별화해서 큰 성공을 거둔 프로그램이다. JPY, YG, SM 등의 엔터테인먼트사 대표가 직접 심사를 보면서 오디션 참가자들의 잠재력을 중점적으로 평가하여 스타를 발굴하였다. 〈슈퍼스타 K〉가 대중들의 인기투표에 치우칠 때, 〈케이팝스타〉는 각 소속사 대표들의 특성과 전문성, 오디션 참가자들의 잠재성에 중점을 두고 심사가 이루어졌다. 이 때문에 오랜 기간 인기를 끌 수 있었다.

각 프로그램의 차별화된 콘셉트에 대해 〈슈퍼스타 K〉의 심사위원이었던 이승철은 tvN 〈현장토크쇼-택시〉에 출연해 각 프로그램에 대해 다음과 같이 말했다. 한번 프로그램별 콘셉트에 대해 생각해보자.

케이팝스타

세 분의 심사위원이 댄스 가수 출신이다. 보는 게 우리와 다르다⋯. 전반적으로 미래에 투자를 많이 하는 스타일이다⋯. 단점은 지원자들의 폭이 다양하지 못하다는 것이다. 아이돌을 꿈꾸는 지원자들이 많다⋯. 장점은 그래서 출신 가수들의 재능과 역량을 최대한 끌어낼 수 있다는 것이다.

슈퍼스타 K

말 그대로 대국민 오디션이다. 기본 자질과 음악성, 스타성을 함께 평가한다⋯. 단점은 TOP 10부터는 본인이 소속사를 선택할 수 있다. 거기서 오는 거만함과 교만함이 있다. 그래서 인큐베이터 시스템을 잘 만들어야겠다고 생각하는 중이다.

위대한 탄생

사실 뭔지 잘 모르겠다. 심사위원 싸우는 걸 보라는 건지, 가르치는 걸 보라는 건지, 모르겠다.

새로운 관점을 제시하는 콘셉트의 중요성을 이해했다면, 현재 자사 제품과 경쟁사 제품의 콘셉트가 무엇인지 한번 생각해보자. 자사 제품의 콘셉트는 경쟁사와 차별화되어 있는지, 되어 있다면 어떤 측면에서 되어 있는지, 되어 있지 않다면 어떤 콘셉트를 설정해야 할지 검토해보자.

기획자를 위한 질문 3

☑ 나는 현장 및 고객 관점에서 문제나 이슈를 바라보고 있는가?

☑ 큰 틀에서 효율적으로 자료를 찾고 분석하고 있는가?

☑ 수많은 자료를 본 후, 분석 내용을 나열만 하고 있지는 않은가?

☑ What, Why, How라는 관점에서 문제를 풀어가고 있는가?

☑ 기획을 할 때 내 생각을 제대로 정리하고 있는가?

☑ 나만의 관점으로 내용을 분석하고, 최종적으로 하나의 메시지를 도출하고 있는가?

☑ 기획을 할 때, 새로운 관점으로 차별화된 콘셉트를 제시하고 있는가?

기획력 훈련: '5Why'의 핵심은 무엇인가?

기획은 'Why'를 찾아가는 과정이다. 그래서 문제의 근본 원인을 찾기 위해 '5Why'를 해야 하는데, 5번의 'Why'보다 더 중요한 게 있다. 바로 첫 번째 질문이다. 첫 번째 질문이 무엇이냐에 따라 해결책이 달라지기 때문이다. 다음 상황에 대한 '5Why'를 해보자. 첫 번째 질문을 다르게 던졌을 때, 어떤 해결책이 나오는지 비교해보자.

커피 전문점 A사는 아메리카노 커피를 1,500원에 파는 저가 전략으로 2015년 매출 500억 원에서 2017년 800억 원까지 매출이 상승했다. 하지만 동네 소규모 커피점, 중소 커피 전문점, 편의점들이 유사 전략을 실행하면서 최근 매출이 감소하고 있다. 참고로 KB경영연구소에 따르면, 커피 전문점 창업률은 2014년 26.9%에서 2018년 22.0%로 하락, 폐업률은 11.0%에서 14.1%로 상승했다.

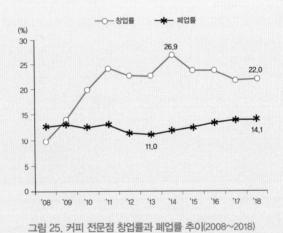

그림 25. 커피 전문점 창업률과 폐업률 추이(2008~2018)

위 상황에 적합한 첫 번째 질문을 떠올리며 5Why를 해보자.

첫 번째 질문	
두 번째 질문	
세 번째 질문	
네 번째 질문	
다섯 번째 질문	
해결책	

첫 번째 질문을 바꿔서 5Why를 해보고 앞의 내용과 비교해보자.

첫 번째 질문	
두 번째 질문	
세 번째 질문	
네 번째 질문	
다섯 번째 질문	
해결책	

4장

Story

관점에 이야기를 입히다

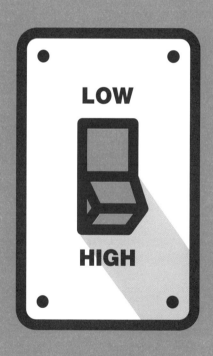

1. 스토리 전개의 기본 공식

다음 그림은 무엇으로 보이는가?

그림 26. 어떤 그림이 보이는가?

나는 이 점을 연결해 한 입 베어 먹은 사과를 만들었다. 누군가는 주전자, 토끼, 물고기 등 다른 그림을 생각할 수도 있다. 실제로 사람들에게 물어보면 여러 답이 나온다. 사람마다 보는 시각이 다르기 때문이다.

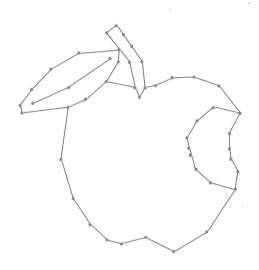

그림 27. 팩트를 연결하면 스토리가 된다

기획은 이처럼 수많은 점(팩트)을 연결하는 작업이다. 그런데 아무렇게나 점을 연결하지 않는다. 대상을 바라보는 시각(관점)에 기초해 서로 어긋나지 않게 연결(논리)한다. 그래서 기획서의 스토리를 말할 때, 두 가지가 필요하다. 바로 관점과 논리다. 스토리 전개의 기본 공식은 다음과 같다.

관점 + 논리 = 스토리

많은 사람이 기획을 할 때, 논리에 집중하지만 주장과 근거라는 논리만 있다고 자연스러운 스토리가 나오지는 않는다. 논리는 수많은 문장을 나열만 해도 완성된다. 논리만으로는 기획의 의도와 목적이 명확히 드러나지 않는다. 기획의 재료들만 흩뿌려져 있을 뿐이다.

수많은 논리를 어떤 관점으로 구성하는지에 따라 스토리가 결정된다. 이러한 관점은 논리를 위한 틀을 제공해줘 놓치거나 중복된 논리가 무엇인지 볼 수 있게 돕기도 한다. 관점은 기획을 하나의 스토리로 만들고 이는 듣는 이로 하여금 기획의 의도와 목적을 이해할 수 있게 한다.

예컨대, 조직문화 개선이 필요하다는 주장을 한다고 생각해보자. "이러한 수많은 근거 때문에 조직문화 개선이 필요합니다"라고 근거만 나열하면 될까? 그보다는 구성원 간 커뮤니케이션, 업무 효율성, 기업 인지도, 구성원의 조직 몰입도 같은 관점을 세워 논리를 전개하는 게 더 좋지 않을까? 모든 관점을 다 고려할 수는 없다. 의도한 바를 나타내는 명확한 관점을 제시하면 조직문화 개선과 관련해 놓친 점은 없는지 쉽게 찾을 수 있을 것이다. 동일한 관점에서 제시된 논리가 무엇인지도 비교해볼 수 있다.

자신의 기획서도 이런 측면에서 한번 검토해보자. 대부분의 기획 초보자가 관점은 없이 주장과 근거에만 주의를 기울이며 수많은 팩트만을 활용해 근거를 나열한다. 정말 필요한 것은 관점에 기반한 팩트와 관점별로 정리된 시사점이다. 하나의 관점 아래 다수의 팩트가 모여 시사점이 만들어지고, 그 시사점은 다른 관점의 시사점과 결합해 결론 도출을 위한 스토리의 기초가 된다. 누구나 할 수 있는 작업이다. 다만 이러한 과정을 거치는 연습이 부족할 뿐이다. 사람은 마주치는 대상을 패턴화하는 습성이 있는데 이 습성을 잘 활용해 스토리의 기본 공식을 연습해보자. 관점과 논리에도 패턴이 존재하기 때문이다.

만일 우리가 눈에 보이는 모든 것, 즉 모든 시각적인 입력 정보를 개별적 요소로 다루어야 한다거나, 매번 눈을 뜰 때마다, 혹은 매번 한 고정 지점에서 다른 지점으로 시선을 옮길 때마다 연관성을 새롭게 파악해야 한다면 현기증을 느낄 것이다. 그러나 다행히도 그럴 염려는 없다. 우리는 세상을 패턴으로 보기 때문이다.[1]

배민프레시, 마켓컬리 등의 스타트업뿐만 아니라 CJ, 오뚜기 등 대기업이 추진하고 있는 반조리 형태의 제품인 가정간편식 Home Meal Replacement을 예로 스토리를 설명해보자. 가정간편식이 뭔지는 식품의약안전처가 제시한 내용을 보면 이해가 쉽다.

만약 한 기업이 가정간편식 시장에 진입한다고 하자. 먼저 분석을 위해 어떤 관점이 필요할까? 그냥 시장이 성장하고 있는

품목 분류		정의	주요 품목
즉석섭취, 편의식품류		별도의 조리 과정 없이 그대로 또는 단순조리 과정을 거쳐 섭취할 수 있도록 제조·가공·포장한 식품	
	즉석섭취식품	동·식물성 원료를 식품이나 식품첨가물을 가하여 제조·가공한 것으로서 더 이상의 가열·조리 과정 없이 그대로 섭취할 수 있는 식품	도시락, 김밥, 샌드위치 등
	즉석조리식품	동·식물성 원료를 식품이나 식품첨가물을 가하여 제조·가공한 것으로서 단순 가열 등의 조리 과정을 거치거나 이와 동등한 방법을 거쳐 섭취할 수 있는 식품	가공밥, 국, 탕, 스프, 순대 등
	신선편의식품	농·임산물을 세척, 박피, 절단 또는 세절 등의 가공 공정을 거치거나 이에 단순히 식품 또는 식품첨가물을 가한 것으로서 그대로 섭취할 수 있는 식품	샐러드, 간편 과일 등

그림 28. 가정간편식의 범위

것 같아 우리도 뛰어든다고 말할까? 어떤 관점에서 분석이 필요한지 고민해야 한다. 예컨대 시장, 고객, 경쟁, 자사 관점을 설정해 기획을 해볼 수 있다.

그런데 관점만 설정한다고 가정간편식 시장에 진출하는 이유를 잘 설명할 수 있을까? 그렇지 않다. 관점별로 분석한 내용이 논리적으로 어떻게 연결되는지, 각 관점의 세부 내용은 타당한지에 대해 검토해야 한다. 그래야 설득력 있는 기획서의 스토리를 만들 수 있다.

가정간편식 시장 진입의 필요성에 대해 관점과 논리 측면에서 보자. 먼저, 관점은 앞서 말했듯이 시장, 고객, 경쟁, 자사로 세분화한다. 시장 관점에서는 이 시장이 현재 얼마나 빠르게 성장하고 있는지, 성장의 동인은 무엇인지 파악한다. 고객 관점에서는 사람들의 라이프스타일이 어떻게 변하고 있고 기존 식품 시장과 비교하여 차별화된 니즈는 무엇인지 검토한다. 경쟁 관점에서는 어떨까? 경쟁사들이 이 시장에 참여하는지, 있다면 어떻게 시장에 대응하고 있는지 본다. 마지막으로 자사의 현재 사업 현황, 보유 역량, 시장 진입 시의 시너지 등을 검토한다. 이렇게 관점에 따라 자료 분석이 이루어지면 세부 내용을 논리적으로 정리하면서 다음과 같이 스토리를 고민한다.

☑ 시장 → 고객 → 경쟁 → 자사
☑ 시장 → 경쟁 → 고객 → 자사
☑ 자사 → 고객 → 시장 → 경쟁

앞서 본 사과처럼 자신이 그리고 싶은 그림이 무엇인지 상상하며 상대가 수긍할 만한 자신만의 스토리를 만든다. 이런 큰 틀의 스토리가 결정되면 관점별 세부 내용 전개는 그때 고민하면 된다.

이처럼 동일한 주제의 기획서라도 사람에 따라 보는 관점이 달라지고, 만약 관점이 같더라도 세부 논리 전개가 달라질 수 있다. 스토리는 점과 점을 연결하기 위한 관점이 핵심이다. 자료 분석에만 급급해 눈앞의 것만 쫓다 스토리를 놓치지 말자.

가장 가까이 있는 것, 가장 직접적인 것만을 고려하다 보면 우리의 경험을 마치 고립된 한 개의 점처럼 파악하게 된다. 사장은 직원들에게 평소 이런 고립된 점 이상을 볼 것을 요구한다.[2]

2. 머릿속 생각을 하나의 스토리로 만든다

취업 포털 잡코리아가 직장인을 대상으로 글쓰기에 대한 설문 조사를 했는데, 조사 결과 '글을 더 잘 쓰고 싶다'고 답한 비율이 97.4%에 달했다. 특히 글쓰기에서 가장 많이 하는 실수로 조사 대상자의 50% 이상이 '두서없는 내용'이라고 말했다. '두서없는 내용'은 글이 논리적이지 않아 스토리라인이 명확하지 않다는 것을 의미한다. 그래서 보통 기획서를 올리고 난 뒤 상사로부터 자주 듣는 이야기 중 하나가 스토리라인과 관련된 내용이 많다.

"흐름이 눈에 잘 안 들어오는데…."

"뭔가 내용은 많은 것 같은데, 하고자 하는 말이 뭔지 모르겠군."

"있긴 다 있는 것 같은데, 스토리가 조금 이상한데."

"내용이 너무 자주 점프하는 느낌이야."

"스토리가 안 맞는 것 같아."

기획서의 스토리라인이 명확하지 않으면 듣는 사람은 '도대체 무슨 소리를 하는 거지?'라고 생각하게 된다. 그렇다면 스토리라인이란 무엇일까? 스토리라인은 자신이 분석한 결과물을 논리적으로 잘 구조화하여 상대방이 이해할 수 있도록 만드는 것이다. 간단히 말해서 기획서의 논리적 흐름이라고 할 수 있다. 퍼즐판과 같다. 퍼즐판의 그림들은 우리가 머릿속으로 그리는 그림처럼 스토리를 담고 있어서 퍼즐 조각을 스토리화해서 맞추면 더 쉽게 맞출 수 있다.

  일상에서 스토리라인을 가장 많이 언급하는 분야 중 하나가 영화다. 국내 최대 영화 사이트 맥스무비가 "관람 영화를 선택할 때 가장 먼저 고려하는 것은 무엇인가?"라는 설문 조사를 실시했는데, 그 결과 응답자의 74.2%가 '줄거리'를 선택했다.[3] '줄거리'는 2003년부터 10년 동안 1위 자리를 지키고 있는데, 이것만 봐도 스토리가 얼마나 중요한지 알 수 있다. 다음은 영화 〈타워〉에 대한 영화평이다.

단점으로 지적할 만한 것은 다소 탄력이 부족한 스토리라인이다. 비슷한 장르, 구조를 가졌던 〈해운대〉 등과 비교해 〈타워〉는 훨씬 간결한 스토리를 가졌지만, 동시에 유머 코드가 삭제됐고 어설픈 신파로 마무리됐다.

문제는 빈약한 스토리, 오히려 〈해운대〉보다 이야깃거리가 부족하다는 느낌을 준다. 설경구, 김상경, 손예진, 김인권 등 충무로 A급 배우들을 모아놓고 표면만 훑다가 흩어지는 이야기 안에 이들을 던져놓고 말았다.

사람들은 영화를 보고 항상 "스토리가 탄탄하다" 혹은 "스토리가 너무 미흡하다, 말이 안 된다"라는 이야기를 한다. 스토리 구성에 따라 관객들이 얼마나 영화에 몰입하고 감동을 받는지가 결정되기 때문이다. '탄탄하다', '미흡하다'라는 말에는 영화의 흐름이 자연스럽게 잘 연결되었는지, 영화 속 개별 사건들이 인과관계가 있는지 등에 대한 평가를 포함하고 있다. 영화 〈타워〉는 화려한 CG와 배우들의 호연으로 관객 500만 명을 돌파해 흥행에는 성공했지만 아쉽게도 스토리가 미흡하다는 평을 받았다.

그럼, 기획에서는 스토리라인이 어떻게 적용되는지 보자. 다음 페이지의 김 대리가 최 팀장한테 보고한 웰빙 음료 사업 기획안과 최 팀장이 수정한 것을 한번 보자. 먼저, 김 대리의 기획안 스토리라인에는 어떤 문제가 있을까? 김 대리의 기획서 초안을 보니 어떤 생각이 드는가? 스토리가 조금 우왕좌왕하는 느낌이 들지 않는가? 시장 이야기를 하다가 갑자기 건강 음료 상품 개발이 필요하다고 말하고 있다. 또 타깃 고객도 없이 유기농 퓨

김 대리가 작성한 스토리라인 초안

1. 웰빙에 대한 소비자의 관심이 증가하고 있으며, 워라밸을 추구하면서 그 중요성도 높아지고 있습니다.
2. 이에 따라 음료 사업을 하고 있는 우리 회사는 다양한 유기농 채소/과일을 활용한 건강 음료 상품의 개발이 필요해 보입니다.
3. 현재 웰빙에 대한 소비자들의 니즈는 안티에이징, 여가생활 향유, 유기농 먹거리 등으로 구분할 수 있습니다.
4. 특히, 단순한 차나 음료가 아니라 '허니 레몬차', '홍시 요거트' 등의 유기농 퓨전 음료 개발이 필요해 보입니다.
5. 제품 유통은 프리미엄 카페들과 제휴를 맺어 제품의 이미지를 부각하는 것이 좋을 것으로 보입니다.

최 팀장이 수정한 스토리라인

1. 웰빙에 대한 소비자의 관심이 증가하고 있으며, 워라밸을 추구하면서 그 중요성도 높아지고 있습니다.
2. 현재 웰빙에 대한 소비자들의 니즈는 안티에이징, 여가생활 향유, 유기농 먹거리 등으로 구분할 수 있습니다.
3. 이에 따라 음료 사업을 하고 있는 우리 회사는 다양한 유기농 채소/과일을 활용한 건강 음료 상품의 개발이 필요해 보입니다.
4. 특히, 단순한 차나 음료가 아니라 '허니 레몬차', '홍시 요거트' 등의 유기농 퓨전 음료 개발이 필요해 보입니다.
5. 해당 상품의 주 타깃은 20~30대 여성이며, 고가 전략을 통해 제품의 프리미엄 이미지를 고수하는 것이 필요할 것으로 보입니다.
6. 제품 유통은 프리미엄 카페들과 제휴를 맺어 제품의 이미지를 부각하는 것이 좋을 것으로 보입니다.

전 음료 개발의 필요성을 주장한다. 그래서인지 흐름이 끊긴다. 이 스토리라인은 어떻게 바꾸면 좋을까?

최 팀장이 수정한 스토리라인을 보면, 김 대리의 기획서 초안의 문제점들이 수정, 보완되어 있다. 김 대리가 초기에 이렇게 기획안을 작성했다면 어땠을까? 웰빙 음료의 사업 방향이 더 명확해지지 않았을까?

스토리라인은 기획의 뼈대다. 이 뼈대가 제대로 잡혀 있지 않으면 어떻게 될까? 누군가 이슈를 하나 제기하면 뼈대는 바로 흔들리기 시작한다. 열심히 분석한 내용도 바람에 먼지 날리듯이 사라질 수 있다. 기획의 틀 자체가 무너지는 것이다. 그러면 스토리라인은 어떻게 설정하면 좋을까? 세 가지만 기억하자. 바로 '유의미성, 논리성, 명료성'이다.

유의미성은 기획서에서 주장하는 내용이 보고를 받는 사람에게도 의미가 있어야 한다는 뜻이다. 나에게 의미 있는 메시지가 상대방에게도 의미 있으란 법은 없다. 기획을 할 때 흔히 하는 실수가 '이 정도 시사점이면 괜찮겠지?' 혹은 '말하고 싶은 건 다 들어갔네'라고 생각하는 것이다. 하지만 정작 보고를 받는 사람은 '도대체 어디에 시사점이 있다는 거지? 말하려는 게 뭐야? 이 팩트가 의미하는 게 뭐야?'라고 생각한다. 스토리라인은 기획서의 핵심 메시지다. 그러므로 단순히 팩트나 정보를 전달해서는 안 된다. 기획서 한 장 한 장, 혹은 한 줄 한 줄은 상대에게 의미가 있어야 한다.

논리성은 보고서 앞장과 뒷장의 메시지가 연계성을 갖고 있어야 한다는 의미다. 또 각 장은 그 페이지 안에서도 연계성이 있어야 한다. 논리성의 핵심은 핵심 메시지와 이를 뒷받침하는 하위 메시지 간의 연결이다. 그런데 기획서를 작성할 때 메시지만 뽑아놓고 연결하지 않는 경우가 많다. 이렇게 되면 기획서에서 말하고자 하는 바가 잘 드러나지 않는다. 상사는 "그래, 현재 시장 상황이 어떤지 알겠어. 우리 제품이 이런 상황인 것도 알겠고. 그런데 현재 시장 상황과 우리 제품의 상황이 어떤 관계가 있다는 거야?"라고 말한다. 이렇게 되면 기획자는 "시장 상황은 좋은데 우리 제품이 그냥 나쁘다는 거야? 도대체 이 기획서에서 말하려는 게 뭐야?"라는 말을 들을 수밖에 없다. 이런 상황에 처하게 되는 이유는 시장 상황을 제대로 분석하지 못해서일 수도 있다. 하지만 대부분은 말하고 싶은 내용이 분산되어서 발생한다. 즉, 앞의 조사 결과에서 보았듯이 두서가 없는 경우가 대부분이다.

명료성은 핵심 메시지인 스토리라인이 간결하고 이해하기 쉬워야 한다는 말이다. 기획서는 보고를 받는 사람이 앞으로 의사결정을 하는 데 필요한 기초 자료다. 그런데 기획서의 메시지가 불분명하면 보고를 받는 사람은 "그래서 어떻게 하라는 거야? 하라는 거야, 말라는 거야?"라는 말밖에 할 수 없다.

다음은 잘못된 스토리라인 메시지를 보여주는 사례이다. 아래 두 문장에 어떤 문제가 있는지 생각해보자.

잘못된 스토리라인 메시지 사례

1. 이번에 출시할 건강 음료 상품의 주 타깃은 20~30대 여성이나 최근에는 40대 여성도 핵심 타깃으로 부상하고 있습니다.

[내가 생각하는 문제점과 올바른 문장]

2. 친환경 농산물 시장은 2012년 3조 809억 원에서 2014년 3조 4,434억 원 규모를 형성할 것으로 보이며, 2020년에는 7조 4,749억 원으로 2014년보다 두 배 이상 증가할 것으로 추정됨.

[내가 생각하는 문제점과 올바른 문장]

두 문장의 잘못된 점이 무엇인지 생각해봤는가? 1번 문장은 20~30대를 핵심 타깃으로 삼자는 건지, 40대 여성을 핵심으로 하자는 것인지 모호하다. 2번 문장은 연도별로 시장이 성장하고 있다는 내용을 나열식으로 설명해 간결하지 않다. 그렇다면 어떻게 바꾸는 게 좋을까?

1. 이번 출시할 건강 음료 상품의 주 타깃은 20~30대 여성으로 특히, 직장 여성이 핵심 타깃입니다.
   → 20~30대 여성 중, 직장인을 핵심 타깃으로 설정하자고 명확하게 제시

2. 친환경 농산물 시장은 2014년 3조 4,000억 원 정도로 2020년에는 지속적으로 성장하여 두 배 정도 규모를 형성할 것으로 보임.
   → 시장이 지속 성장할 수 있다는 것을 간결하게 제시

위 내용처럼 1번 문장은 핵심 타깃을 명확하게 하고, 2번 문장은 간결하게 제시하였다. 스토리라인은 간결하고 의미가 있어야 한다. 스쳐 지나가도 찰나에 핵심을 이해할 수 있게 말이다. 그리고 논리적이어야 한다.

3. 대상의 관점에 따라 다른 스토리

　기획서 작성만큼 중요한 것이 스토리 구성이다. 특히, 보고 대상을 파악하고 대상의 특성에 맞게 스토리를 재구성하는 것이 필요하다. 그렇지 않으면 기획을 열심히 하고도 자신이 말하고자 하는 바를 제대로 전달하지 못할 수가 있다. 보고받을 대상이 실무자인지 의사결정자인지에 따라서 스토리의 구성도 달라져야 한다.

　'직장인 소통'에 대한 설문 조사에서 설문 대상자의 94% 이상이 "커뮤니케이션이 힘들었던 경험이 있느냐"는 항목에 '있다'라고 말했다. 특히, 커뮤니케이션이 힘든 상황으로 대상자의 38%가량이 '상사에게 업무 보고할 때'라고 응답했다. 그만큼 직장 생활에서 보고는 어려운 일 중 하나다.

　그렇다면 상사에게 보고할 때 어떻게 해야 할까? 상사의 스타일도 다르고 요구하는 사항도 다른 상황에서 어떤 방법이 있을까? 보고를 위해 기획의 스토리를 구성하는 방법에는 두 가지가 있다. 진단 과정을 먼저 제시하는 방법(진단 퍼스트)과 결론을 먼저 제시하는 방법(결론 퍼스트)으로, 실무자에게는 진단 퍼스트, 의사결정자에게는 결론 퍼스트 방법을 사용해야 한다. 대상자에 따라 동일한 기획안도 보는 관점이 다르기 때문이다.

진단 퍼스트는 [그림 29]처럼 말 그대로 현상 분석을 먼저 진행하는 것으로, 흔히 알고 있는 귀납법이다. 드라마나 영화들은 본격적인 상황 전개 전에 시대적 배경이나 과거사를 제시하는 경우가 많다. 이를 기획에 비추어보면 진단 퍼스트는 과정을 강조한다. 즉, 결론에 어떻게 도달했는지에 중점을 둔다.

진단 퍼스트는 과정을 강조하기 때문에 보고자 입장에서는 이야기의 흐름을 잡을 수 있다는 장점이 있다. 하지만 보고를 받는 사람이 중간에 질문할 경우, 스토리가 끊어질 수 있고 그렇게 되면 "어디까지 이야기했지? 다음 이야기는 뭔데?"라는 식

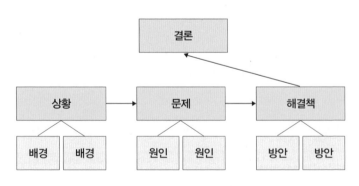

그림 29. 진단 퍼스트의 이야기 흐름

의 흔한 질문을 받을 수 있다. 또한 진단 퍼스트는 보고 받는 사람이 많은 정보를 기억해야 한다. 과정을 강조하다 보니, 단계별로는 맞는 이야기를 하고 있지만 보고를 받는 사람은 큰 그림을 파악하기 어려울 수 있다. 그래서 보고서 내용이 명확하지 않을 경우, 보고가 끝난 후에 보고를 받는 사람이 "큰 그림이 잘 안 보이는데, 결론은 이거라는 거지? 근데 그 근거가 앞에서 나왔나?"라는 식의 질문을 할 수 있다.

결론 퍼스트는 결론을 먼저 제시하고 이후에 근거를 제시하는 것으로 연역법이라고 할 수 있다. 드라마 〈야왕〉은 1회에서 영부인 수애가 권상우에게 총을 쏘는 장면으로 시청자들의 궁금을 증폭시켰는데, 대표적인 결론 퍼스트 방법이다. [그림 30]에서 보듯이 결론 퍼스트는 결론을 먼저 제시한 후, 왜 그런 결론이 도출되었고 앞으로 어떻게 해야 하는지를 알려준다. 결론을 지원하는 메시지 중심으로 보고가 전개된다.

그림 30. 결론 퍼스트의 이야기 흐름

구분	진단 퍼스트(팀장 이하 레벨)	결론 퍼스트(팀장 혹은 임원 이상 레벨)
장점	☑ 전체적인 이야기 흐름을 파악할 수 있다. ☑ 결론에 반대 의견을 가진 상대방에게 사용할 때 좋다.	☑ 핵심을 이해하기 쉽다. ☑ 상대방이 무엇을 해야 하는지 바로 알 수 있다.
단점	☑ 결론에 도달할 때까지 상대방이 많은 정보를 기억해야 한다. ☑ 결론에 도달하기 전에 이야기가 중단될 수도 있다.	☑ 이야기의 흐름 파악이 어려울 수 있다.

그림 31. 진단 퍼스트와 결론 퍼스트의 장단점

결론 퍼스트는 결론을 강조하기 때문에 보고를 받는 사람은 핵심을 바로 파악할 수 있다는 장점이 있다. 또한 보고 중간에 질문이 나올 확률이 낮아서 보고를 매끄럽게 가져갈 수 있다. 하지만 결론에 대한 근거가 미약할 때, 보고를 받는 사람이 전체 흐름을 쉽게 이해하지 못할 수 있다. 그렇게 되면 보고를 받는 사람은 "결론이 이런데, 왜 저런 근거가 나왔지? 이게 앞서 제시한 근거와 관련 있는 건가?"라는 식의 질문을 할 수 있다.

다음은 웰빙 음료 사업보고서에 대한 최 팀장과 김 대리의 대화이다. 이 대화를 본 후에 두 가지 방식의 보고 방법에 대해 이야기해보자.

먼저, 보고할 대상이 실무자라면 기획이 어떤 이유에서 진행되었는지 하나씩 설명해야 한다. 즉, "요즘 시장 트렌드가 이렇고 경쟁사 동향은 이렇고 향후 시장 전망은 이래서 우리가 앞으

로 해야 할 것은 이러한 상품에 대한 집중적인 개발입니다"라고
말하면서 기획 의도에 대해 실무자와 공감대를 형성한다. 그리
고 해당 상품 개발이 어떤 점에서 필요한지 논의를 하고 향후 어
떤 형태로 상품을 개발해야 할지에 대해 추가 논의를 진행한다.

그런데 흔히 이야기하는 C-Level[4] 임원이나 CEO에게 보고
한다면 어떤 유형의 스토리를 가져가야 할까? 김 대리처럼 할
필요가 있을까? 상황에 따라 다르지만, 일반적으로는 결론부터
제시하는 것이 좋다. CEO는 의사결정자이기 때문에 해당 상품
을 개발해야 할지 말지에 대해 먼저 듣고 싶어 한다. 즉, "저희는
이번에 A라는 상품 개발이 필요합니다. 그 이유는 시장 측면에
서 보면 이렇고 경쟁사 측면에서는 이렇고 고객 측면에서는 이
렇기 때문입니다"라고 말을 한다.

김 대리는 최 팀장에게 선 결론, 후 근거 제시 형태의 기획안
을 제출해야 했다. 그렇게 해야 보고를 받는 사람은 머릿속으로
"저런 웰빙 음료 개발이 필요하다고? 왜 그렇지?"라고 생각하

고, 이후 짧은 보고를 통해 기획서에서 말하고자 하는 바를 명확하게 이해하게 된다. 만약 선 근거, 후 결론 형태로 보고한다면 CEO는 어떤 생각을 할까? 아마 '시장 상황이 저렇군. 고객의 니즈도 알겠고…. 그런데 상품 개발은 언제 나오는 거야? 드디어 나오는군. 그래 웰빙 음료를 개발한다고. 그런데 그 근거가 뭐였지? 아까 시장, 고객, 경쟁사 상황은 말한 것 같은데…'라고 생각할 것이다.

보고를 받는 사람이 이런 생각을 하는 순간, 그 보고는 원점으로 돌아올 가능성이 크다. 그러면 보고를 하는 사람은 앞에서 설명한 내용을 다시 말해야 하고, 늘어난 보고 시간만큼 CEO를 이해시키는 데 많은 시간을 할애해야 한다. 물론 보고 대상자의 특성, 보고 분량 등을 고려해 선 근거, 후 결론을 제시할 수도 있지만 일반적으로 선 결론, 후 근거가 더 낫다.

4. '하지만'으로 관점을 전환하자

평범한 기획과 훌륭한 기획의 차이는 무엇일까? 가장 큰 차이 중 하나는 스토리다. 그런데 이 스토리의 극적인 효과를 높이려면 어떻게 해야 할까? 동일한 기획이라 하더라도 어떻게 전개하느냐에 따라 효과가 달라진다. 다음은 2007년 스티브 잡스가 아이폰을 소개한 내용의 일부이다.[5]

사람들은 가장 진전된 전화기를 '스마트폰'이라고 부릅니다. 하지만 문제는 이 스마트폰이 그다지 똑똑하지 않으며, 사용하기도 쉽지 않다는 겁니다…. 우리는 지금까지 나온 어떤 휴대용 기기보다 훨씬 똑똑하면서 사용하기 쉬운 진일보한 제품을 만들고 싶었습니다. 아이폰이 바로 그런 제품입니다.

스토리 관점에서 볼 때, 스티브 잡스의 이야기에서 핵심 단어는 무엇일까? 바로 '하지만'이다. 스티브 잡스는 기존 스마트폰

이 스마트하지 않다는 점을 강조하기 위해 '하지만'을 사용했다. 진짜 스마트한 제품은 아이폰이라는 것을 강조하기 위해서다. 이후에는 아이폰이 기존 스마트폰 제품과 달리 어떤 점에서 스마트한지를 제시한다. '하지만'이 들어간 문장을 빼고 읽어보자. 어떤가? 느낌이 다르지 않은가?

사람들은 가장 진전된 전화기를 '스마트폰'이라고 부릅니다. 우리는 지금까지 나온 어떤 휴대용 기기보다 훨씬 똑똑하면서 사용하기 쉬운 진일보한 제품을 만들고 싶었습니다. 아이폰이 바로 그런 제품입니다.

만약 스티브 잡스가 아이폰의 기능만 강조했다면 어땠을까? 스토리가 확 와 닿았을까? 기능이나 디자인 측면에서 기존 스마트폰과 차별성이 있지만 극적인 효과는 낮았을지 모른다. 그는 '하지만'이란 단어를 통해 기존의 시각을 버리고 새로운 시각으로 보라는 메시지를 전달했다. 이런 전환은 아이폰이 정말 새로운 스마트폰이라고 생각하게 만든다.

이 프레젠테이션에서 그는 이런 '하지만'과 유사한 구조로 다시 아이폰을 소개했다. 아이팟, 아이폰, 인터넷이라는 세 가지를 말한 후 다음과 같이 이야기한다.

이것들은 세 개의 분리된 디바이스가 아닙니다. 이것은 하나의 디바이스입니다. 우리는 이 디바이스를 아이폰이라고 부릅니다.[6]

즉, 'A가 아니라 B다(not A but B)'라고 말하고 있다. 여기서도 '하지만'이라는 의미가 들어가 있다.

'하지만'은 결국 새로운 관점을 제시하여 기획의 방향을 전환시키는 역할을 한다. 이뿐만 아니라 상대방에게 이 기획이 왜 특별한지를 말해주고, 기획의 필요성을 자연스레 전달한다. 그래서 중요한 이슈를 제시하고 싶을 때, 사람들은 '하지만'을 사용해서 강조한다.

한 대형 마트 관계자는 "푸드코트 등으로 고객들을 대형 마트로 끌어들이려는 업계의 노력은 어느 정도 성공하고 있다. 하지만 그 고객들이 마트에서 장을 보게 유도하는 것은 업계가 넘어야 할 또 다른 산이다"라고 지적했다.[7] 여기서도 '하지만'으로 이슈를 제시하고 있다. 대형 마트의 기존 노력은 성공했지만 새로운 이슈가 있다는 사실을 알아야 한다고 강조하고 있다.

만약 자신이 만든 기획이 너무 밋밋하다면 '하지만'을 생각해 봐야 한다. 분명 명확한 근거, 수많은 데이터로 말하고 싶은 바를 제시하고 있지만 설득력이 약하거나 큰 차별성이 없다고 느낀다면, '하지만'이 필요하다. 왜냐하면 내용이 아닌 스토리 문제일 가능성이 크기 때문이다.

'하지만'은 대비를 보여준다. 이런 대비는 기획의 흐름을 부각시켜서 사람들이 기획 내용에 몰입하게 만든다. 현실과 이상의 차이를 해소하는 데 중점을 두는 기획은 이 '하지만'을 얼마나 잘 활용하느냐에 따라 좋은 기획이 될 수도, 평범한 기획이 될 수도 있다.

프레젠테이션 전문가인 낸시 두아르테Nancy Duarte는 《공감으로 소통하라》에서 영화의 스토리를 분석하며 현실과 이상을 오가는 대비의 중요성을 강조했다.[8] 이런 대비는 어떻게 만들 수 있을까? 낸시 두아르테는 [그림 32]와 같이 현실과 이상의 상반된 관점을 통해 다양한 대비의 요소를 제시하였다.[9]

대비는 기획에 긴장감을 불러일으킨다. 상대방은 이런 긴장감 때문에 순간적으로 기획에 몰입하게 되고, 어떻게 하면 이 기획에서 제시한 이슈를 해결할 수 있을지 고민한다. 그리고 제시된

현실	이상	현실	이상
다른 관점	당신의 관점	불가능	가능
과거/현재	미래	필요	넉넉함
고통	이득	불리함	유리함(기회)
문제	해결책	정보	통찰력
장애물	뻥 뚫린 길	평범한	특별한
저항	행동	질문	답변

그림 32. 대비의 요소

해결책에 자연스레 공감하게 된다. 구성이 잘된 기획서나 제안서에는 이런 대비가 항상 포함되어 있다.

예를 들어, 60대 이상의 시니어를 위한 여행 상품을 기획한다면 어떻게 스토리를 전개할까? 먼저 고령화 때문에 시니어 인구가 증가하고 있어서 이를 위한 맞춤 상품 개발이 필요하다고 기획의 이유를 제시할 수 있다.

☑ 인구의 고령화가 심화되고 있습니다.

☑ 시니어 여행 상품의 니즈도 증가하고 있습니다.

☑ 그래서 시니어 맞춤 여행 상품을 기획했습니다.

☑ 이 맞춤 상품은 세 가지 특징이 있습니다.

그런데 스토리가 밋밋하지 않은가? 이렇게 바꾸면 어떨까?

☑ 인구의 고령화가 심화되고 있습니다.

☑ 생활가전, 가구, 유통, 식품 등 다양한 분야에서 시니어 상품이 개발되고 있습니다.

☑ '하지만' 여행 분야에서는 아직 시니어를 위한 맞춤 상품이 없습니다.

☑ 그래서 시니어들은 '기존' 패키지 여행 상품만을 이용하고 있습니다.

☑ 자사에서는 다음 세 가지 특징을 가진 시니어 맞춤 여행 상품을 기획했습니다.

만약 여러분이 기획자라면 두 번째 기획안으로 제시하는 게 좋다. 일단 기획의 필요성이나 중요도 측면에서 더 명확하게 이유가 드러나기 때문이다. 또 다른 측면에서 이 기획안을 바꿔보면 어떤 스토리가 나올 수 있을까?

- ☑ 인구의 고령화가 심화되고 있습니다.
- ☑ 국내 주요 여행사들은 시니어 맞춤 여행 상품을 기획해 판매 중 입니다.
- ☑ '하지만' 이 여행 상품들은 '기존' 패키지 여행과 큰 차별성이 없습니다.
- ☑ 단지 시니어만을 대상으로 할 뿐입니다.
- ☑ 자사에서는 시니어들이 '기존'과 달리 활동적이라는 점을 고려해 시니어 맞춤 자유여행 상품을 기획했습니다.

두 번째 기획안이 다른 분야와 비교해서 스토리를 전개했다면, 세 번째는 같은 분야와 비교해 시니어 여행 상품의 차별성을 강조했다. 스토리는 어떤 행태로든 전개할 수 있다. 핵심은 '하지만'을 통해 A라는 관점에서 B라는 관점으로 이동이다. 두 번째와 세 번째 기획안은 낸시 두아르테의 대비 요소 중에서 다른 관점(현실)과 당신의 관점(이상) 혹은 과거/현재(현실)와 미래(이상)를 활용한 것이다.

문제와 해결책이라는 스토리도 마찬가지다. 지금 회사가 어떤 이슈 때문에 매출이 하락할 상황에 처했다고 생각해보자. 대부분의 스토리는 문제점을 찾고 해결책을 제시하려 한다. 이때 '하지만'을 통해 이 이슈를 해결하여 오히려 새로운 도약의 길로 들어설 수 있다면 해결책에 더 관심을 가지지 않을까? 바로 문제-원인 분석-해결책으로 가는 구조보다 말이다.

이는 미국의 커뮤니케이션 전문가인 카민 갤로Carmine Gallo가 《최고의 설득》에서 "문제를 해결하려고 노력한 고난을 중심으로 이야기를 진행하여 정서적 경험을 제공하라"고 한 것과 같은 맥락이다.[10] 일단 논리적 근거도 중요하지만 정서적으로 기획 내용에 공감하고 몰입하는 게 중요하기 때문이다.

앞으로 탁월한 기획을 하고 싶다면 기억해야 할 것은 오직 하나다.

'하지만'

5. 세 가지 관점은 항상 옳다

주변에 말을 잘하는 사람들을 보면, 항상 이렇게 시작하는 경우가 많다.

"먼저, 그다음으로…."
"크게 세 가지 측면에서 생각해볼 수 있습니다."

이렇게 말하는 사람들은 대부분 세 가지의 이슈를 던진다. 어떤 형태로 말을 시작하든지 말이다. 그런데 왜 세 가지 이슈일까? 사람의 단기기억이 한 번에 서너 개까지만 가능하기 때문이다. 핸드폰 번호를 외울 때도 똑같다. 다음 임의로 만든 숫자를 한번 보자. 여러분은 이 숫자를 어떤 식으로 외우는가?

01087978648

11개의 숫자를 한 번에 다 외울까? 그렇지 않다. 대부분 세 개 혹은 네 개 단위로 숫자를 끊어서 외운다. 11개를 한 번에 다 외우려면 힘이 들지만 서너 개 단위로 끊어서 외우면 상대적으로 쉽기 때문이다. 기획도 같다. 핵심이 세 개 내외로 끊어지지 않으면 사람들은 그 기획서에서 말하는 것을 정확하게 이해하지 못한다.

사람들은 이를 '3의 법칙'이라고 한다. 말을 논리적으로 하고 싶을 때도 '3의 법칙'을 활용한다. 인지과학의 대가인 텍사스주립대학교의 아트 마크만Art Markman 교수는 사람이 정보를 듣고 다시 기억해낼 수 있는 적정 수준이 세 개라고 하였다.

EBS의 〈지식채널 e〉에서 '3의 법칙'에 대해 방송한 적이 있다. 횡단보도에서 한 사람만 하늘을 올려다보면 사람들은 그를 이상한 사람으로 여긴다. 두 번째 사람도 같이 하늘을 올려다보지만 사람들은 별 반응이 없다. 하지만 세 번째 사람이 등장하여 아무것도 없는 하늘을 올려다보자, 다른 사람들도 쳐다보기 시작한다. 1은 단수로 개인으로 지각하고, 2는 가장 작은 복수로 개인들, 즉 작은 집단으로 파악하며, 마침내 3이 되었을 때야 사람들에게 집단이라는 개념이 생기기 때문이다. 심리학에서는 사람들의 관심을 끌고 어떤 행동에 참여하도록 하려면 세 명의 사람이 있어야 한다고 말한다. 스탠퍼드대학교 심리학과 필립 짐바르도Philip Zimbardo 교수는 "세 명이 모이면 그때부터 집단이라는 개념이 생긴다"고 하였다.

언어학자들도 시의 행들이 일반적으로 3초 단위로 나뉜다고 한다. 3초 단위의 행은 문화권마다 조금씩 다를 수 있지만 가장 보편적이라고 한다. 3음절 단위와 3초의 행은 문학에서 강력한 힘을 가진다. 유명한 연설가인 존 F. 케네디John F. Kennedy, 마틴 루터킹Martin Luther King도 3초 단위로 말을 멈추었다.

스티브 잡스 또한 '3의 법칙'을 잘 활용하였다. 그는 스탠퍼드대학교 졸업식에서 "오늘 저는 여러분에게 제 인생에서 일어난 세 가지를 이야기하고 싶습니다. 별로 대단한 이야기는 아닙니다. 딱 세 가지입니다"로 축하 연설을 시작했다. 1998년 퓰리처상을 받은 인류학자 재레드 다이아몬드Jared Diamond 박사의 책은《총, 균, 쇠》로 세 가지 관점에서 인류 문명을 바라보았다. 《혼, 창, 통 : 당신은 이 셋을 가졌는가?》라는 책 또한 세 가지 관점에서 경영자의 성공 비결을 제시하고 있다.

'3의 법칙'은 사람이 인지할 수 있는 가장 효과적인 수가 세 개라는 것에서 비롯되었으며, 문학은 물론이고 프레젠테이션을 할 때나 책 제목, 콘셉트 등을 정할 때도 사용할 수 있다. 경영 컨설팅 회사에서도 '3의 법칙'을 활용하여 보고서를 요약하고 정리한다. 그래서 컨설턴트들은 이야기할 때 항상 세 가지를 제시한다.

A사의 문제점은 크게 세 가지 관점에서 볼 수 있습니다.

첫 번째는 …입니다. 이 문제는….

두 번째는 …입니다. 이 문제는….

세 번째는 …입니다. 이 문제는….

이 세 가지 문제 해결을 위해 다음과 같이 세 가지 과제를 제시합니다.

그런데 회사원이라면 한 번은 들어봤을 이 '3의 법칙'을 왜 잘 활용하지 못할까? '3의 법칙'이 어려워서일까? 그렇지 않다. 논리적으로 말하는 연습이 되지 않은 것도 있겠지만 일단 자신의 생각이 정리되지 않아서다. 세 가지 관점으로 묶거나 분해가 되지 않는 것이다. 한 회사의 조직 진단 결과에 대한 과제를 제시하는 다음 대화를 보자.

김 대리 : 이번 저희 회사 조직 진단 결과 보고서입니다.
최 팀장 : 부서별 업무도 명확하지 않고, 신입 사원 이직률도 높은 것 같고, 팀장의 리더십도 문제가 있고…. 이번에 본부장님이 조직 활성화를 위한 방안을 생각해보라고 했는데….
김 대리 : 현재 다섯 가지 정도의 문제점을 가지고 과제를 제시했습니다.
최 팀장 : 그런데 너무 산만해 보이지 않나? 과제가 너무 나열되어 있는데.

김 대리가 조직 진단 결과를 통해 다음과 같은 문제점을 제시했다고 가정해보자.

김 대리가 도출한 다섯 가지 문제점

1. 조직의 미션 및 비전 체계 미흡

2. 부서별 업무 불명확

3. 구성원 간 신뢰성 및 커뮤니케이션 미흡

4. 체계화된 신입 사원 교육 부재

5. 팀장의 역량 미흡

어떤가? 나열한 다섯 가지의 문제점이 한 번에 와 닿는가? 만약 [그림 33]과 같이 세 가지 관점에서 정리했다면 어땠을까?

보통 사업 진단 결과는 고객, 경쟁사, 자사의 3C라는 툴을 활용하지만, 조직 문제에는 이를 적용하기 어렵다. 국제 정치에서는 개인, 국가, 세계로 국제 사회를 바라보는데, 회사 또한 이와 유사하게 개인, 팀, 조직 형태로 구분할 수 있다.

김 대리가 [그림 33]과 같이 문제점을 정리했다면, 과제 또한

관점	문제점
조직 레벨	조직의 미션 및 비전 체계 미흡
	구성원 간 신뢰성 및 커뮤니케이션 미흡
팀 레벨	부서별 업무 불명확
	팀장의 역량 미흡
개인 레벨	체계화된 신입 사원 교육 부재

그림 33. 세 가지 관점으로 분류된 문제점

세 가지 관점에서 제시할 수 있지 않을까? 김 대리가 다음과 같이 다섯 가지 과제를 제시했다고 생각해보자.

김 대리가 도출한 다섯 가지 과제

1. 비전 체계 재정립 및 공유

2. 신뢰하는 조직 문화 구축

3. 팀의 R&R 정립

4. 팀장의 리더십 강화

5. 신입 사원 연수 프로그램 개발

다섯 가지 과제는 이미 한번 해봐서 세 가지 관점으로 쉽게 정리가 가능하니, 문제점부터 과제까지 한꺼번에 정리하면 [그림 34]와 같다.

이처럼 기획에서 '3의 법칙'은 상사를 쉽게 설득할 수 있는 토

관점	문제점	과제
조직 레벨	조직의 미션 및 비전 체계 미흡	비전 체계 재정립 및 공유
	구성원 간 신뢰성 및 커뮤니케이션 미흡	신뢰하는 조직 문화 구축
팀 레벨	부서별 업무 불명확	팀의 R&R 정립
	팀장의 역량 미흡	팀장의 리더십 강화
개인 레벨	체계화된 신입 사원 교육 부재	신입 사원 연수 프로그램 개발

그림 34. 세 가지 관점으로 문제점과 과제 분류

대를 마련해준다. 만약 실행을 위해 위의 과제보다 더 세분화된 과제가 필요하다면, 다섯 개의 과제를 실행할 부문이나 팀 단위로 세분화하여 분류할 수 있다. 이처럼 '3의 법칙'은 앞서 봤던 로직트리와 동일하다. 'MECE, 3의 법칙, 로직트리'는 개별적으로 이해하기보다 큰 틀에서 같이 생각하는 게 좋다.

6. 관점에 우선순위 매기기

경영 컨설턴트들이 자주 사용하는 도구가 있다. 바로 2×2 매트릭스다. 그런데 왜 2×2를 사용하는 것일까? [그림 35]에서 보듯 1×2, 2×2×2, 3×3 등 다양한 매트릭스 유형이 있는데 말이다. 그 이유를 한번 생각해보자.

먼저, 1×2 매트릭스는 너무 단순하여 기획자가 새로운 아이디어를 도출하기 어렵다. 그럼, 2×2×2 매트릭스는 어떤가? 이 매트릭스는 3차원으로 그려져 그럴 듯해 보이나 정육면체 각각의 공간을 정의 내리기가 쉽지 않다. 보고받는 사람도 그 공간을

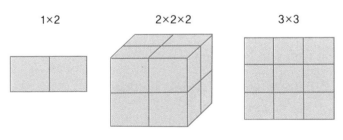

1×2   2×2×2   3×3

그림 35. 다양한 유형의 매트릭스

이해하기 어렵다. 마지막으로 3×3 매트릭스는 GE-맥킨지 매트릭스(GE-McKinsey Matrix, 사업 포트폴리오를 분석할 때 사용하는 툴)처럼 가끔 사용할 수는 있지만 이 또한 각 축의 중간값에 해당하는 칸을 정의하기가 쉽지 않다. 그래서 2×2 매트릭스를 사용한다. 이 매트릭스는 기획 고수들이 많이 사용하는데, 사고의 프레임을 만들어주고 두 개의 축을 통해 새로운 포인트를 제시해준다.

그럼, 2×2 매트릭스를 그릴 때 핵심은 무엇일까? 바로 각 축을 결정하는 관점(요인)이다. 어떤 관점으로 설정하느냐에 따라 네 개의 분면에 대한 정의가 달라진다. 그런데 잘못된 관점은 네 개의 분면에 대한 정의를 불명확하게 만들 수 있으니 유의해야 한다.

기획에서는 과제의 우선순위를 설정할 때 이 매트릭스가 필요하다. 기획서에 제시된 과제는 모두 동일한 시점에 실행할 수 없다. 하나의 과제가 완료되어야 다음 과제가 실행될 수 있기 때문에 과제 간에도 선후가 있기 때문이다. 그래서 문제 해결을 하거나 새로운 사업을 추진할 때 우선순위 없이 과제를 실행하면 새로운 문제에 처할 수 있다.

다음은 영업 혁신 추진 과제에 대한 대화이다. 이 대화를 보고 어떤 생각이 드는가?

최 팀장 : 비전 2030 달성을 위한 영업 혁신 프로젝트의 주요 추진 과제에 대한 실행안은 어떻게 진행되고 있지?

김 대리 : 영업 사원 커뮤니케이션 역량 향상, 영업 성과 보상 체계 정립, 영업 프로세스 재정립, 핵심 고객 재정의 등의 과제를 도출 중입니다.

최 팀장 : 과제는 괜찮은데, 내년까지 다 할 수 있어? 인력도 부족한데….

김 대리 : 일단 시작은 같이하는 게 좋을 듯합니다. 과제별로 진척 상황은 따로 체크하더라도….

최 팀장 : 과제별로 우선순위가 있어야 하지 않겠어? 사업의 수익성이 악화되고 있어서 한꺼번에 비용 투입이 어려운데.

직장 생활을 하면서 한 번 정도는 들어봤을 만한 내용이다. 회사에는 수많은 혁신 과제가 존재한다. 그런데 항상 이슈는 과제의 실행 가능성과 우선순위다. 김 대리 또한 영업 혁신 과제를 모두 보고했다. 하지만 모든 업무는 순서가 있다. 단순히 과제가 중요하다고 그 과제를 바로 실행할 수 없다. 때로는 관련 부서의 지원이 필요하고, 아무리 중요해도 비용 때문에 뒤로 밀리기도 한다. 그래서 우선순위를 설정해 단계별로 과제를 실행하는 것이 필요하다.

과제의 우선순위를 정할 때 생각해볼 수 있는 요인에는 무엇이 있을까? 보통 중요도, 파급 효과, 실행 용이성이 있다. 이 세 가지 요인 중 두 개를 활용하여 2×2 매트릭스를 만든 다음, 과제를 평가해 우선순위를 설정한다. 앞의 대화에서 나온 영업 혁신 과제도 마찬가지다. 중요도와 파급 효과를 기준으로 과제를 평가해보자.

☑ 영업 사원 커뮤니케이션 역량 향상: 중요도 높음, 파급 효과 낮음

☑ 영업 성과 보상 체계 정립: 중요도 낮음, 파급 효과 높음

☑ 영업 프로세스 재정립: 중요도 낮음, 파급 효과 낮음

☑ 핵심 고객 재정의: 중요도 높음, 파급 효과 높음

과제 평가 결과를 볼 때, 가장 먼저 실행해야 할 과제는 핵심 고객 재정의다. 다음은 영업 성과 보상 체계 정립, 영업 사원 커뮤니케이션 역량 향상이다. 마지막은 중요도와 파급 효과가 모두 낮은 영업 프로세스 재정립이다. 이를 그림으로 나타내면

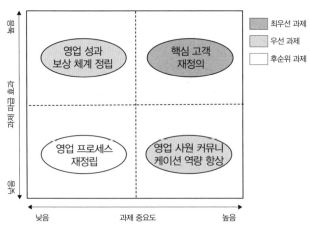

그림 36. 과제 중요도-과제 파급 효과 매트릭스

[그림 36]과 같다.

기업에서는 매년 진행하는 고객 만족도 조사 매트릭스를 활용하여 과제의 우선순위를 설정한다. 중요도와 만족도, 중요도 평균 대비 차이, 만족도 평균 대비 차이를 기준으로 2×2 매트릭스를 만들어 우선순위를 설정한다. 이 경우, [그림 37]에서 보듯이 1사분면은 적극 권장(제품 품질), 2사분면은 현상 유지(제품 디자인), 3사분면은 중점 개선, 4사분면은 최우선 개선(판촉 활동) 등으로 구분할 수 있다.

정리해보면, 매트릭스의 핵심은 두 개의 축을 어떤 관점에서 설정하느냐. 관점에 따라 과제의 우선순위가 달라지기 때문이다. 지금 당장 자신이 해야 할 업무의 우선순위를 고른다면 어

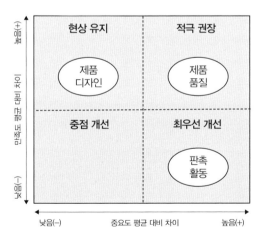

그림 37. 중요도 평균 대비 차이-만족도 평균 대비 차이 매트릭스

떤 관점을 설정해야 할까? 네 개 정도의 관점을 생각해보고 두 개를 선정해 매트릭스를 만들어보자. 더 나아가 관점들을 바꿔 가며 또 다른 2×2 매트릭스를 만들어보자. 관점에 따라 우선순위가 어떻게 달라지는지가 보인다면, 관점의 중요성을 알 수 있을 것이다.

7. 에토스 + 파토스 + 로고스 = 설득

기획은 결국 누군가를 설득하기 위한 과정이다. 문서로만 남는 기획은 의미가 없다. 어떻게 해야 상대를 한 번에 설득할 수 있을까? 주장에 대한 근거가 명확하면 되는 걸까? 잘 만들기만 하면 무조건 통과할 수 있을까? 아니다.

이야기하는 내용만 옳다면, 상대를 설득할 수 있다(상대는 설득당해야만 한다)고 생각하는 것 자체가 착각이다![11]

지금까지 많은 기획을 하고 보고를 했지만 명확한 근거만 있다고 해서 기획이 통과되지는 않았다. 처음 기획을 할 때는 기획서만 논리적으로 잘 만들면 된다고 생각했지만, 언젠가부터 잘 만든 기획이 실행되지 않는 경우도 많다는 것을 알았다. 아주 좋은 상품 기획을 했다고 생각했는데, 분명 시장성도 좋았고 근거도 충분했는데 기획안이 통과되지 않았다. 당연히 "뭐가 문제지" "왜 그럴까?"를 고민하게 됐다.

그 결과, 기획안보다 중요한 문제가 있었다. 바로 상사와 나의 신뢰 관계, 상사와 나의 기획안에 대한 공감대 혹은 상사의 감정 상태였다. 그러다 보니 기획서를 계속해서 수정해봐야 답은 없었다. 그냥 똑같이 마음에 들지 않는 상황만 발생했다. 첫 직장을 컨설팅 회사에서 시작해서 논리적으로 생각하는 연습은 많이 되어 있었지만 상대방을 이해하는 스킬은 부족했던 것이다.

문서만으로는 충분히 통과될 수 있는 기획이었지만 실행의 관문에서 막힌 거였다. 지금에 와서 생각해보면 기획안의 논리보다 상사에 대한 이해가 필요했다. 어떻게 하면 상사와 나의 신뢰 관계를 구축할 수 있을지, 기획안에 대한 공감대 형성을 위해 어떻게 해야 할지를 고민했어야 했다.

수사학으로 유명한 아리스토텔레스Aristoteles는 설득을 하려면 중요한 세 가지가 있다고 했다. 바로 에토스(신뢰), 파토스(감성), 로고스(논리)다. 논리만 있다고 설득이 되는 게 아니다. 그는 수사학에서 이 세 가지에 대해 다음과 같이 이야기한다.[12]

말로 제시하는 증거에는 세 가지가 있다. 첫 번째 증거는 말하는 사람의 성품에 달려 있고, 두 번째 증거는 청중의 심리 상태에 달려 있으며, 세 번째 증거는 말이 증명하거나 증명하는 것처럼 보이는 말 그 자체에 달려 있다.

만약 누군가를 설득하고 싶다면, 먼저 신뢰할 수 있는 사람이 되어야 한다. 평소 다른 사람들이 여러분을 믿지 않는다면, 아무리 좋은 기획안도 의미가 없다. 그래서 첫인상 같은 에토스는 상사와 관계를 어떻게 구축하느냐가 핵심이다.

평소에 출근 시간보다 항상 30분씩 빨리 갔다고 생각해보자. 그런데 하루는 늦잠을 자서 조금 지각을 했다. 그때 상사의 반응은 어떨까? 당연히 지각에 대해 그리 신경 쓰지 않는다. 으레 어떤 일이 있어 조금 늦었다고 생각할 뿐이다. 기획안을 가지고 설득할 때도 그렇다. 평소에 상사에게 믿음을 주는 사람이었다면, 기획안이 조금 미흡하더라도 수용할 가능성이 크다. 회의 시간에 "김 과장이 이야기하면 그런 거겠지"라는 말처럼 말이다.

두 번째는 듣는 사람의 기분이다. 실무적으로도 가장 중요하다. 상사가 기분이 좋지 않은데 보고를 하면 당연히 좋은 결과를 얻기 어렵다. 그래서 사람들은 가능한 한 오전보다 오후에 보고를 한다. 점심을 먹고 나면 조금 덜 민감해지기 때문이다. 그래서 보통 2시에 보고 시간을 잡는다. 특히 어렵거나 중요한 보고의 경우에는 더욱 그렇다.

마지막으로 논리다. 너무 기본적이고 중요한 요소여서 더 이야기할 필요도 없다. 기획자에 대한 신뢰, 듣는 사람의 감정 상태 모두 중요하지만 기획에 논리가 빠지면 의미가 없다. 설사 기획이 통과돼도 실행 후의 결과는 너무 뻔하기 때문이다. 그런데

이 논리에서 한 가지 고민해봐야 할 사항은 상대방이 내가 말하는 논리를 제대로 이해하고 있느냐이다. 논리 자체에 대한 이해가 없다면, 아무리 논리적이어도 설득이 되지 않기 때문이다. 즉, 내가 생각하는 논리적 사실보다 상대방이 이해하고 있는 논리가 무엇인지가 중요하다. 설득을 위해서는 "상대의 상식과 이해를 출발점으로, 거기에서부터 상대가 이해할 수 있는 이야기로 무리 없이 전개하여 자신이 주장하는 결론에 이르도록 유도"해야 한다.[13]

흔히 업계에서 쓰는 용어, 혹은 업계에서 통용되는 지식이 있다. 그런데 이런 용어나 지식에 대한 이해 없이 평소에 사용하는 용어나 지식을 활용한다면 설득이 잘될까? 상대방을 설득하고 싶다면 자신이 평소에 쓰는 용어를 업계 용어로 바꾸고, 관련 지식도 배워야 한다. 그렇지 않으면 분명 자신은 동일한 의미로 이야기했다고 생각하지만 듣는 사람은 그렇게 받아들이지 않을 수 있다. 오히려 '우리 업계에 대해 잘 모르는 것 같군'이라는 식으로 생각하고 여러분의 뛰어난 기획안을 주의 깊게 보지 않을지도 모른다. 실제 연구 결과에서도 화자가 청자에게 익숙한 언어로 이야기할 때, 신경동조화가 이루어져 설득이 잘 이루어질 수 있다고 한다.[14]

기획자를 위한 질문 4

☑ 기획의 스토리를 구상할 때, 무엇이 가장 중요한가?

___

☑ 나는 문제를 분류하고 해결책을 제시할 때, '3의 법칙'을 활용하는가?

___

☑ 내 기획서의 스토리라인은 물 흘러가듯 자연스러운가?

___

☑ 보고하는 대상에 따라 스토리를 다르게 구성하는가?

___

☑ 나는 2×2 매트릭스를 통해 기획의 프레임을 짜거나 우선순위를 설정하는가?

___

☑ 나는 '하지만'을 통해 기획의 관점과 흐름을 바꿔나가는가?

___

☑ 설득력 있는 기획을 위해 에토스, 파토스, 로고스를 활용하는가?

___

기획력 훈련: 관점 있는 스토리를 만들어본다면?

스토리는 결국 나만의 관점과 논리를 어떻게 결합하느냐에 달려 있다. 동일한 재료로 요리를 해도 맛이 다르듯이, 스토리도 어떤 관점과 논리를 가지고 접근하느냐에 따라 상대방의 수용도가 달라질 수밖에 없다.

다음은 휴대용 공기청정기 기사다. 다음 기사를 읽고 퓨리케어 미니라는 제품을 기획한다면 기획서의 스토리를 어떻게 구성해야 할지 생각해보자.[15]

퓨리케어 미니는 포터블 PM1.0 센서를 탑재해 제품을 세우거나 눕히거나 상관없이 극초미세먼지까지 감지한다. 듀얼인버터 모터는 쾌속 모드 기준 5,000rpm으로 회전하면서 오염 물질을 흡입한다. 토네이도 듀얼 청정팬은 깨끗한 공기를 빠르고 넓게 보내준다. 이 제품은 국내외 전문 인증 기관으로부터 청정 능력을 인정받았다. 한국공기청정협회(KACA)로부터 소형 공기청정기 CA 인증과 미세먼지 센서 CA 인증을 받았다. 휴대용 공기청정기 중에서 두 가지 인증을 모두 받은 제품은 퓨리케어 미니가 처음이다.

소음도 작다. 약풍으로 작동할 경우 23dB(데시벨) 정도의 소음이 발생하는데 도서관에서 발생하는 소음 수준이다. 국제 인증 기관 TUV라인란트 역시 퓨리케어 미니가 모터, 팬 등의 작동 소음이 작다고 검증했다.

사용자는 USB 타입-C 단자를 이용해 간편하게 배터리를 충전할 수 있다. 한 번 충전하면 최대 8시간 사용할 수 있다. LG전자 관계자는 "퓨리케어 미니는 자동차, 유모차, 공부방, 사무실 등 다양한 공간에서 유용하게 쓸 수 있을 것"이라고 말했다.

현황, 이슈 및 문제점, 솔루션 및 콘셉트, 타깃 차별성 등 일곱 개 내외의 스토리라인으로 기획서를 완성해보자.

스토리라인 1	
스토리라인 2	
스토리라인 3	
스토리라인 4	
스토리라인 5	
스토리라인 6	
스토리라인 7	

5장

원 페이지 기획서,
핵심은 관점이다

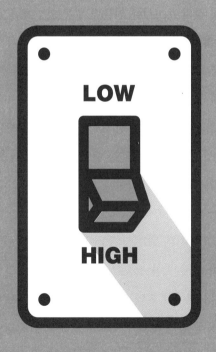

1. 상대에게 어떤 가치를 줄 것인가?

한때는 수십 장의 보고서를 만들면 뿌듯했던 적이 있다. 어찌 되었든 뭔가 많이 있으면 뭐라도 한 것 같은 느낌이 들어서다. 그래서 가능한 한 보고서의 페이지를 늘리려고 했던 것 같다. 그런데 페이지를 늘리다 보면 어쩔 수 없이 불필요한 이야기가 들어가고 말하고 싶은 내용은 점점 보이지 않는다. 그래서 정말 어려운 일은 수십, 수백 장의 기획서를 만드는 일보다 정말 짧게 한 장으로 기획서를 만드는 일이다. 이렇게 요약을 하다 보면 말 그대로 기획서 내용을 축약하게 되는데, 이때 중요한 것이 하나 있다. 바로 이 기획서를 보는 상대방이 무엇을 원하느냐이다.

많은 사람이 상사가 한 장으로 요약해오라고 하면 보고서의 모든 내용을 다 넣어서 요약하려고 한다. 그러다 보면 항상 한 장에 모든 내용을 넣는 게 너무 힘들다고 토로한다. 당연한 일이다. 수십 장의 내용을 어떻게 한 장에 다 넣을 수 있겠는가? 계속 축약을 하다 보면 단어만 남아 맥락을 파악할 수 없는 지경에 이른다. 나 역시 그랬던 것 같다. 계속 축약을 하다 보니 앞 문장과 연결이 이상해지고, 또 해당 문장의 의미도 잘 드러나지 않았다.

이렇게 되는 이유는 결국 자신이 하고 싶은 말에만 집중했기 때문이다. 자신이 하고 싶은 말만 '주저리주저리' 계속하는 기획서가 된 것이다. 상대가 정말로 듣고 싶어 하는 이야기는 딱 한마디였을지도 모르는데 말이다. 사실 기획서 작성자는 하고 싶은 말이 많다. 많은 자료를 보면서 알아낸 게 얼마나 많은지, 그 내용이 얼마나 중요하고 왜 알아야 하는지를 말하고 싶어 한다.

또 자신이 밀고 있는 기획안이 어찌 되었든 상사라는 문을 통과했으면 하는 바람도 있기 때문에 자신도 모르는 사이 설명이 길어진다. 모든 일이 그리 쉽게 되지 않으므로 기획자는 예상 질문과 이슈에 답하기 위해 기획안에 모든 내용을 담으려고 한다. 어찌 보면 우리는 '생각의 매몰 비용'에 빠지고 있는지도 모른다. 사업을 할 때 자금이 투입되면 투입될수록 부정적인 전망이 나와도 어떻게든 밀고 나가려는 것처럼 말이다.

이런 생각의 매몰 비용은 제대로 된 원 페이지 기획을 방해하는 걸림돌이다. 생각을 잘하는 방법에 대한 책을 쓴 앨런 제이콥스Allen Jacobs 교수는 이런 생각의 매몰 비용에 대해 다음과 같이 말한다.

우리는 자신의 입장을 마련하고 공격으로부터 방어하는 데 상당한 시간과 에너지를 투자한다. 그런 입장을 이제 와서 바꾸는 것은 그 모든 노력이 헛된 짓이었다는 것을 인정하는 셈이 될 수 있다.[1]

여러분은 어떻게 생각하는가? 현업에서 기획서를 작성할 때 피땀 어린 기획서가 통과되도록 온갖 노력을 기울이지 않았는 가? 혹은 그 피땀 어린 기획서가 통과되지 못해 모든 것이 의미 없는 짓이 되지 않을까 하는 걱정으로 생각의 매몰 비용에 더 집착하지 않았는가?

원 페이지 기획은 자신이 생각하는 관점에서 벗어나는 것이 중요하다. 상대방이 무엇을 원하는지 생각해야 한다. 상대에게 가치를 줄 수 있는 기획이야말로 좋은 기획이기 때문이다. 기획 안은 결국 상사든 고객이든 상대방의 요구에 부합해야 한다.

어떻게 해야 상대방의 요구에 부합하는 원 페이지 기획이 될 수 있을까? 다음 문장을 읽어보면서 한번 생각해보자.

누구를 자신들의 고객으로 보든지 그들이 요구하는 가치에 초점을 맞춰야 한다. 그들이 필요로 하는 것, 원하는 것, 열망하는 것을 만족 시키는 데 집중해야 한다는 뜻이다.[2]

위 문장을 읽었다면, 다음 질문에 대해 스스로 생각해보자.

☑ 고객이 원하는 가치는 무엇인가?

☑ 그 가치는 내가 작성한 원 페이지 기획안에 담겨 있는가?

☑ 말하고 싶은 사항이 맞든 틀리든 무조건 나의 주장을 뒷받침하기 위한
   내용만으로 작성하지는 않았는가?

☑ 고객이 알고 싶은 결론은 무시한 채 기획안에 내 생각만 나열해놓지는
   않았는가?

프레젠테이션 전문가인 제리 와이즈먼Jerry Weissman은 상대방이 얻을 수 있는 이익이 무엇인지에 대해 강조하면서 위피WIIFY를 강조했다.[3] 위피는 'What's In It For You?'의 약자로 상대방에게 돌아가는 이익이 무엇인가이다. 기획이란 '상대방이 내가 하고 싶은 것을 하도록 행동하게 만드는 과정'이기 때문에, 원 페이지 기획은 '내가' 아니라 '상대방'의 이익에 더 집중해야 한다. 그래야 내가 원하는 방향으로 상대를 행동하게 할 수 있다.

원 페이지 기획안에 어떤 내용이 들어가야 할까? 바로 기획의 중요성, 기획이 상대방에게 의미하는 바, 기획의 핵심 내용, 기획의 가치(혜택)다. 상대방이 여러분이 만든 기획안을 왜 봐야 하는지를 제시하고, 그 기획안이 의미하는 것이 무엇이며, 그에 따른 추진 사항이 포함되어야 한다. 그리고 그 기획안을 추진했을 때 상대가 얻을 수 있는 가치가 있어야 한다.

기획하는 사람은 그게 원 페이지든 수십 장이든 자기 생각에

만 집중하기 때문에 '상대'를 놓치기 쉽다. 아무리 유능한 사람일지라도 말이다. 나 또한 기획안을 만드는 데 집중하다 보면 결국 문서에만 집중하여 핵심을 놓치는 일이 종종 발생한다. 그러다 보면 기획안을 본 사람은 '이건 내가 원하는 내용이 아닌데?' '그래서 말하고 싶은 내용이 뭐지?'라는 생각을 한다.

기획서가 한 번에 통과하려면 요약도 중요하지만, 그 요약에 상대가 원하는 내용, 상대가 얻을 수 있는 가치가 무엇인지 꼭 담겨 있어야 한다. 예를 들어, SUV 자동차를 구매하는 고객에게 SUV의 특징만 나열하면 고객이 그 SUV 자동차를 구매할까? 그렇지 않다. 캠핑을 즐기는 고객이라면 SUV가 캠핑에 얼마나 적합한지, 이 차로 얼마나 즐거운 캠핑이 가능한지 알려줘야 한다. 상대가 얻을 수 있는 핵심 가치만 제시해야 한다. 아무리 좋은 자동차 옵션을 제시해도 상대가 원하는 혹은 얻을 수 있는 가치가 없다면 고객은 구매하지 않기 때문이다.

2. 관점이 있는 요약 정리가 핵심

원 페이지 기획서의 핵심은 요약 정리로 상대방이 쉽고 빠르게 이해할 수 있도록 해야 한다. 그런데 정리를 한다고 말하면, 단순히 글의 내용을 짧게 줄이는 일에만 초점을 두는데 그렇게 되면 글의 흐름이 보이지 않는다. 그래서 관점이 중요하다. 내가 말하고 싶은 내용이 어떤 관점에서 정리가 되었는지를 상대에게 알려줘야 한다. 상대는 그 관점을 중심으로 원 페이지 기획의 흐름을 큰 틀에서 이해할 수 있고 세부 내용의 맥락도 파악할 수 있다.

그런데 원 페이지로 줄였을 때, 왜 이렇게 작성했느냐고 물어보면 "그냥 보고서에 있는 내용을 축약한 건데요"라고 말하는 경우가 있다. 여기서 '그냥'이라는 말은 원 페이지 기획에서 말하고자 하는 중요한 내용이 무엇인지를 알려주지 않고 10페이지 보고서를 원 페이지로 줄이는 데만 집중했다는 말과 다름없다.

특히 이런 '그냥'이라는 말은 자신이 작성한 기획안에서 무엇이 중요하고 중요하지 않은지 생각하지 않았다는 말과 같다. 어떤 이는 이런 '그냥'에 대해 "'그냥'이라는 낱말을 사용하는 이유는 매우 복잡한 것을 평범한 것으로 축소하거나 단순화해서 더는 질문을 용납하지 않으려는 의도다"라고 말하기도 한다.[4]

원 페이지 기획은 복잡한 것을 효과적으로 전달하기 위한 것이지만, 잘못된 요약 정리는 좋은 기획 내용을 너무 평범하게 만들어버린다. 어떤 때는 다른 사람들이 이해하지 못하게 만들어서 원 페이지 기획서의 내용을 듣고도 딱히 질문이 없게 만든다. 질문이 없다는 말은 기획안이 좋다는 뜻도 되지만 역으로 내용을 이해하지 못했다는 의미일 수도 있기 때문이다. 여러분의 기획안은 전자인가, 후자인가?

어떻게 해야 상대가 쉽게 이해할 수 있게 정리할 수 있을까? 앞서 말했듯이 자신이 하고 싶은 이야기가 어떤 관점에서 정리될 수 있는지를 고민해야 한다. 예를 들어, 기획의 배경을 이야기하려면 어떻게 해야 할까? 최근 상황을 설명하면 끝날까? 혹은 어떤 이슈가 터져서 지금 해결이 필요한 상황이라고 말하면 될까? 그도 아니면 CEO의 긴급 지시 사항이라고 말해야 할까? 이런 기획의 배경조차도 관점으로 정리할 수 있다. 예컨대 신입 사원 현장교육 추진 관련 기획이라면, 외부와 내부 관점으로 구분할 수 있다. 즉, 외부 관점에서는 최근 신입 사원 교육의 트렌드, 내부 관점에서는 신입 사원 역량에 대해 말할 수 있다.

☑ 신입 사원 교육 추진 기획 배경

　→ (외부) 신입 사원에 대한 현장 중심의 교육 트렌드

　　(내부) 신입사원들의 업무 역량 저하 심화

　이뿐인가? 신입 사원 현장교육의 효과성을 제시한다면, 어떻게 할 수 있을까? 그냥 신입 사원의 역량 향상이라고 하면 될까? 관점을 넣어 말하면 어떨까?

☑ 신입 사원 현장교육 기대 효과

　→ (정성) 상사의 신입 사원 업무 만족도 4.0 이상

　　(정량) 현장에 대한 신입 사원의 잘못된 인식 개선

　이처럼 관점을 넣어서 내용을 정리하면, 더 효과적으로 원 페이지 기획을 할 수 있다. 이런 관점은 지금 이야기한 외부-내부, 정량-정성, 단기-중기-장기, 과거-현재-미래, 인력-조직-시스템-인프라-프로세스 등 다양하다. 핵심은 말하고 싶은 내용을 어떤 관점으로 정리할 것인가다. 자신이 생각한 관점 외에 다른 관점에서 볼 수 있는 내용은 없는지도 고민해 보면 더 좋다.

　다음은 정부의 디지털 사이니지Digital Signage 산업 활성화 대책(안) 수립 배경의 일부이다. 설명을 위해 주요 문장만 제시했다. 참고로 디지털 사이니지는 디지털 정보 디스플레이를 이용

- 디지털 사이니지(Digital Signage, 이하 DS)는 스마트 미디어의 대표 분야로 TV, PC, 모바일에 이은 제4의 스크린으로 평가

- DS는 미디어와 ICT(정보통신기술)가 결합되어 디스플레이 산업과 광고 산업의 활성화, ICT의 고부가가치화를 견인할 미래형 전략 산업

- 특히, 국내 DS 산업은 세계 최고 수준의 디스플레이 산업과 유무선 네트워크를 기반으로 글로벌 경쟁력을 보유

- 반면, 국내에서는 수익 모델인 광고 시장의 성장이 정체(2014년 0.7% 성장)되고, 신수요 창출도 미흡하여 활성화가 더디게 진행

한 옥외 광고로 신분당선 강남역에서 볼 수 있다.

여러분이라면 지금 총 네 개의 글머리기호가 있는 위의 내용을 어떤 관점으로 정리하겠는가? 네 개의 문장을 세 개의 관점으로 정리한다면, 어떻게 할 수 있을까?

디지털 사이니지 산업 활성화 대책(안) 수립 배경을 다음과 같이 산업 전망, 보유 역량, 산업 기반 관점으로 정리하면, 앞의 것보다 그 필요성이 한눈에 들어온다. 물론 정답은 없다. 하지만 잊지 말아야 할 것은 관점의 필요성을 인식하고 어떤 관점에서 내용을 재정리할 수 있는지 생각해보는 일이다.

사실 관점의 정리는 MECE를 잘하면 자연스럽게 된다. 상대방을 생각하며 내가 말하고 싶은 사항을 나열한 후, 관점을 가

[산업 전망] 디지털 사이니지는 제4의 스크린으로 미래형 전략 산업
- 디지털 사이니지(Digital Signage, 이하 DS)는 스마트 미디어의 대표 분야로 TV, PC, 모바일에 이은 제4의 스크린으로 평가

- DS는 미디어와 ICT(정보통신기술)가 결합되어 디스플레이 산업과 광고 산업의 활성화, ICT의 고부가가치화를 견인할 미래형 전략 산업

[보유 역량] 글로벌 경쟁력을 보유해 미래에도 지속적인 시장 확대 가능
- 특히, 국내 DS 산업은 세계 최고 수준의 디스플레이 산업과 유무선 네트워크를 기반으로 글로벌 경쟁력을 보유

[산업 기반] 기존 및 신규 수요 창출의 한계와 법 제도 정비 필요
- 반면, 국내에서는 수익 모델인 광고 시장의 성장이 정체(2014년 0.7% 성장)되고, 신수요 창출도 미흡하여 활성화가 더디게 진행

지고 묶어서 이야기하면 제대로 된 원 페이지 기획이 탄생할 수 있다. "인간은 패턴을 추구하는 경향이 있다. 우리가 파악하려는 가장 기본적인 패턴은 '같은 점'과 '다른 점'이다. 이것이 파악되면 같은 것끼리, 다른 것끼리 각각 그룹을 짓는다"는 것을 기억해야 한다.[5]

하지만 이런 관점의 정리는 단순히 다른 보고서를 열심히 본다고 되는 것은 아니다. 스스로 생각해보고 어떤 관점으로 정리할 수 있는지 계속 시도해봐야 한다. 그래서 자신만의 관점을 정리하는 패턴을 마치 타고난 본성인 것처럼 몸에 배게 해야 한다. 그렇지 않으면 아무리 좋은 보고서를 보더라도 원 페이지 기획

능력은 향상되지 않는다.

사회심리학자 커트 레빈Kurt Lewin 교수는 주부들을 대상으로 연구를 실시했는데, 한 집단에게는 45분 동안 내장 부위 영양소에 대한 강의만 듣게 하고, 다른 집단에게는 강의 대신 토론을 하게 했다. 그 결과 강의만 들은 집단은 내장 부위 요리를 해 먹은 비중이 3%였지만 다른 집단은 32%로 나타났다.[6] 스스로 생각하고 행동했을 때 더 긍정적인 시도들이 나온 것이다.

그러므로 기획을 할 때도 단순히 좋은 책과 강의를 듣는 것만으로 뭔가를 쉽게 얻을 수 있다고 생각하지 말자. 스스로 해보자. 아무리 쉬운 것이라도 말이다. MECE, 로직트리는 개념적으로는 쉬워도 실무에서 적용하는 경우가 많지 않다. 관점도 자신이 직접 설정하기 때문에 쉬워 보일 수 있지만 몸에 배지 않으면 결국 평소 하던 습관대로 하게 된다. 어떤 형태로든 연습이 필요하다.

3. 질문을 통해 구체화하자

피터 드러커Peter Drucker는 "노벨상을 탄 사람과 아닌 사람의 가장 큰 차이는 IQ나 직업윤리가 아니라 더 큰 질문을 던지는가 아닌가이다"라고 말했다. 질문은 우리 자신의 사고력을 높여줄 뿐만 아니라 미처 생각하지 못한 아이디어를 도출할 수 있는 기반을 마련해준다.

조직 구성원을 천재로 만드는 리더, 멀티플라이어multiplier 또한 마찬가지다. 멀티플라이어는 조직 구성원이 보유하고 있는 재능을 배가시키는 리더이다. 구성원이 가지고 있는 잠재력을 이끌어내 조직의 혁신을 이끈다. 이 멀티플라이어의 원칙 중 하나는 도전자이다. 도전자가 되는 데 필요한 것은 사람들에게 질문하는 것이며, 이 질문은 문제의 출발점을 제공한다. 만약 어떤 사항이나 이슈와 관련해 질문을 하지 않는다면, 상대방의 말을 자의적으로 이해하는 실수를 범하기 쉽다.

도로시 리즈Dorothy Leeds는 《질문의 7가지 힘》에서 적절한 정보 입수를 방해하는 네 가지를 제시하였다.[7] 첫 번째, 사람들은 자진해서 말하지 않는다. 두 번째, 막연하게 말하고 생각한다. 세 번째, 지레짐작한다. 네 번째, 같은 말을 다른 의미로 해석한다. 정보 입수를 방해하는 이러한 네 가지에 대해 구체적으로 살펴보자.

먼저 사람들은 자진해서 말하지 않기 때문에 질문을 통해 다른 사람들의 생각을 끌어내는 것이 필요하다. 오프라인 매장을 통한 콘텐츠 유통에 대해 알고 싶어서 고객들에게 "당신은 오프라인 매장을 통해 디지털 콘텐츠를 경험해보고 싶습니까?"라고 조사를 한다고 생각해보자. 해당 질문에 고객은 단순히 "네" 혹은 "아니요"라고 답할 뿐, 답에 대한 구체적인 이유를 말하지 않는다. 그럴 때 우리는 추가 질문을 통해 고객이 그렇게 생각하는 이유를 찾아야 한다. 중요한 것은 "네"나 "아니요"가 아니라 오프라인 콘텐츠 유통에 대해 고객들이 생각하는 이미지, 구체화된 설명, 구체적인 니즈이기 때문이다. 그래서 우리는 "네"라고 대답하는 고객에게 "왜 오프라인 매장을 통해 디지털 콘텐츠를 경험해보고 싶습니까?"라고 추가 질문을 던져야 한다. 더 나아가 "온라인과 비교하여 오프라인 매장을 통한 콘텐츠 유통의 강점 혹은 필요성은 무엇입니까?"라고 물어볼 수도 있다. 이는 고객 조사뿐만 아니라 상사하고 하는 커뮤니케이션에서도 필요하다.

두 번째로 사람들은 어떤 구체적인 이미지나 산출물이 없을 때, 막연하게 말하는 습관이 있다. 흔히 "두루뭉술하게 이야기한다"라는 표현을 떠올리면 금방 이해가 된다. 예를 들어, 상사가 "보고서가 명확하지 않은 것 같아"라는 말을 했다고 생각해 보자. 이 말을 듣고 상사에게 질문을 하지 않는다면 어떻게 될까? 책상으로 돌아와서 "도대체 뭐가 명확하지 않다는 거지" 혹은 "매일 명확하지 않다고 하니, 알 수가 없네"라고 혼잣말을 할지도 모른다. 그렇게 되지 않으려면 질문을 통해 상사의 생각을 파악해야 한다. "그럼 이 문제는 어떻게 봐야 하나요?" "어떤 관점에서 내용을 수정, 보완하면 될까요?"라고 상사의 관점을 파악하는 질문을 해야 한다. 다음에는 "어떤 점이 명확해야 하는지 알려주시면 보완하겠습니다" "보고서 내용 중 어떤 부분을 고치면 되겠습니까?"라고 구체적인 질문을 던져야 한다.

세 번째로 사람들은 지레짐작하기 때문에 질문을 통해 합의 사항을 확인해야 한다. 회사에서는 하루에도 몇 번씩 회의가 진행되고 회의 후에는 회의록을 작성한다. 하지만 회의록을 작성한다고 해서 사람들의 지레짐작하는 습관이 쉽게 고쳐지지는 않는다. 사람들이 질문하지 않는 이유는 '다른 사람들은 다 알고 있는 거 같은데, 괜히 질문할 필요가 있을까'라고 생각하기 때문이다.

오프라인 콘텐츠 유통 사업에 진출하기 위해 회의를 한다고 생각해보자. 회의 시간에 상사가 "일단, 이번 신규 사업은 나쁘지 않은 것 같으니 다음 주에 다시 이야기하지. 그런데 신사업으로 타당한지는 다시 한번 생각해보게"라고 말하고 회의가 마무리되었다. 그러면 실무자들은 서로 눈치를 보며 '신사업을 하겠다는 건지, 하지 않겠다는 건지'라는 생각을 한다. 더 나아가 오프라인 콘텐츠 유통 사업에 대해 "사업 타당성을 다시 검토하라는 건가, 아니면 바로 사업을 추진할 방안을 더 조사해보라는 건가"라는 고민을 한다. 이런 일은 비일비재하다. 차라리 회의 시간에 상사에게 "타당성 검토를 위해 오프라인 콘텐츠 유통 사업에 대해 좀 더 조사해볼까요?" "오프라인 콘텐츠 유통 사업에 대한 실행 계획을 구체적으로 작성해볼까요?"라고 묻는다면 어떨까? 앞서 한 고민이 필요 없지 않을까?

앞의 두 번째 사항에서도 상사가 "보고서가 명확하지 않은 것 같아"라고 이야기했을 때 지레짐작으로 '지난번에 콘셉트가 명확하지 않다고 했으니 이번에도 그렇겠지. 콘셉트를 수정해야겠다'라고 생각하면 안 된다. 상사의 말이 명확하지 않은데 콘셉트를 수정해 가면, 상사는 "왜 콘셉트를 수정했어? 지난번 콘셉트가 나쁘지 않았는데. 내가 말한 건 실행 계획이 구체적이지 않아서였는데"라는 말을 할 수 있다.

마지막으로 사람들은 같은 말을 들었어도 각기 다른 의미로 해석한다. 신상품 마케팅 전략에 대해 상품, 마케팅, 영업 부서

통합 회의에서 담당 임원이 "이번 전략 보고서가 명확하지 않은 것 같으니, 각 팀이 협의해서 다시 만들어 와"라고 했다고 생각해보자. 이때 각 팀은 이 지시 사항을 동일하게 이해할까? 각 부서마다 관점이 다르기 때문에 지시 사항에 대한 해석도 다를 수 있다.

☑ 상품기획팀: "상무님이 상품 콘셉트가 명확하지 않다고 계속 강조했으니까 상품 콘셉트를 수정해야겠네."

☑ 마케팅기획팀: "상무님이 상품 콘셉트를 강조하기는 했지만 상품 콘셉트하고 맞추어서 프로모션 방안의 수정 필요성을 이야기한 거 같은데⋯. 프로모션 방안만 다시 생각해봐야겠네."

☑ 영업팀: "우리팀은 특별히 언급한 게 없으니 그냥 둬도 되겠지."

이처럼 각 팀은 상사의 이야기를 자의적으로 해석한다. 맥락과 상관없이 말이다.

지금까지 말한 이런 상황에 처하지 않으려면 기획 전후로 끊임없이 예상 질문이나 추가 질문을 던지면서 기획서를 보완해야 한다. 상사의 지시가 끝나면, 리서치 회사나 컨설팅 회사에서 고객 인터뷰 때 하는 것처럼 "혹시 더 고려할 사항은 없습니까?" 혹은 "마지막으로 하고 싶은 말은 없습니까"라고도 물어야 한다.

그리고 자신이 모르는 것이 있을 때 질문 지도를 만들어보는 것도 좋은 방법이다. 질문 지도는 하나의 주제와 관련한 질문을 적어보는 방법이다.[8] 예를 들어, 스마트폰이면 스마트폰 이미지를 가운데에 놓고 "스마트폰은 어떻게 작동할까?" "스마트폰은 사람들의 건강에 유해할가?" "왜 나는 스마트폰을 사용하지?" 등의 질문을 던져본다. 이렇게 질문을 하다 보면 질문이 서로 연결되면서 현재 자신이 알고 있는 것과 모르는 것을 구분할 수 있다.

신규 사업 아이템을 가지고 투자를 받으려는 신창업 씨가 있다고 생각해보자. 신창업 씨는 지인을 통해 투자자를 만날 기회를 얻었고 자신의 사업 구상안에 대해 발표해야 한다. 이를 위해 자신의 사업 아이템과 수익 모델에 대해 질문을 해보고 사업 구상안을 끊임없이 수정하였다. 이후 신창업 씨는 투자자들로부터 좋은 반응을 얻었고 향후 3년간 지속적인 투자를 보장받았다.

가상이라고 해도 질문 리스트를 작성하면서 자신의 기획안을 수정해보면 많은 도움이 된다. 특히 경쟁 입찰을 통해 수주하는 사업이라면 제안서 작성 후에 예상되는 고객들의 질문을 적어보면 좋다. 미리 질문에 답해보면 실제 상황에서도 빠른 대처가 가능하기 때문이다.

질문을 촉진하기 위해 악마의 대변인Devil's Advocate을 활용하면 좋다. 로마 가톨릭교회에서는 성인聖人인지 아닌지를 검증하

신창업 씨의 사업 구상안 질문 리스트

[시장 측면]
☑ 신규 사업 아이템의 국내 시장은 정말 매력적인가?
☑ 앞으로도 매력적일 것으로 판단되는가?
☑ 현재 해당 사업 아이템의 진입 장벽은 높은 편인가?

[고객 측면]
☑ 신규 사업 아이템의 타깃 고객은 명확한가?
☑ 타깃 고객은 신규 사업 아이템에 대한 구체적인 니즈가 있는가?

[수익 모델]
☑ 신규 사업 아이템의 수익 모델은 명확한가?
☑ 신규 사업 아이템의 수익성은 높은가?
☑ 사업 관련 이해 관계자들의 역할은 명확한가?

기 위해서 비판적인 관점의 사람을 악마의 대변인으로 내세워서 가차 없는 비판을 가하게 하는데, 만약 그 집중포화를 성공적으로 막아내면 성인으로 인정을 받았다. 악마의 대변인은 로마 가톨릭교회에서 나왔지만, 이후 논리학에서 일부러 악마의 대변인을 내세워서 반대 입장을 취하도록 하기도 한다. 인텔의 CEO였던 앤디 그로브Andrew S. Grove는 잘못된 집단적 사고를 막기 위해서 싸움닭인 악마의 대변인을 자주 활용한 것으로 유명하다. 그는 이를 통해 회의의 분위기를 좀 더 자유롭게 만들고 조직도 건강하게 만들었다.

기획서 작성 시에도 다른 구성원들과 토론할 때 악마의 대변인을 정해 자신의 기획서에 대한 신랄한 비판을 가하도록 해야 한다. 혹은 모든 구성원이 악마의 대변인이 되도록 하여 글자 하나하나에 대해 세세한 비판을 가하도록 해보자. 이렇게 하면 상사에게 기획서를 보고하기 전에 정제 과정을 거칠 수 있고 예상 질문에 미리 대비할 수도 있다. 철저하게 비판적인 관점에서 기획서 검토가 이뤄진다면, 기획서의 품질 또한 자연스럽게 향상된다.

KBS에서 〈공부하는 인간, 호모아카데미쿠스〉라는 방송을 본 적이 있다. 이 방송에 유대인의 교육 방식이 나왔는데, 그 핵심은 끊임없이 질문을 던지는 거였다. 즉, 'Why'를 끊임없이 던지는 것이다. 이러한 질문은 탈무드 교육 방식의 핵심이라고 한다. 그러면서 한국의 교육 방식은 기억, 즉 암기 중심이고 일본의 교육 방식은 기록 중심이라고 하였다. 하지만 창의성이 필요한 이 시점에 우리에게 중요한 것은 암기도, 기록도 아닌 질문이다. 기획에서도 질문을 통해 상대방을 깨닫게 하는 소크라테스의 산파술을 다시 한번 생각해볼 필요가 있지 않을까?

4. 어떤 흐름으로 제시할 것인가?

기획서는 흐름이 중요하다. 내용을 어떤 순서로 전달하느냐에 따라 기획안의 채택 여부가 결정되기 때문이다. 이는 많은 사람이 스토리라인을 강조하는 이유이기도 하다. 한 연구에서 삶의 만족도와 결혼 생활 만족도를 조사했는데,[9] 어떤 것을 먼저 물었느냐에 따라 둘의 상관관계 결과가 달라졌다. 사람들에게 삶의 만족도를 물어본 다음 결혼 생활 만족도를 물었을 때는 답변의 상관관계가 0.32%였다. 그런데 결혼 생활 만족도 다음에 삶의 만족도를 물었을 때에는 상관관계가 0.67%로 나타났다. 숫자가 높을수록 상관관계가 높은데, 순서만 바뀌었을 뿐 동일한 질문인데도 그 수치가 다르게 나타난 것이다.

이 연구 결과는 내용의 순서가 얼마나 중요한지를 알려준다. 이는 첫인상과 같다. 첫인상이 좋으면 보고를 할 때도 상사의 반응이 좋은 반면, 나쁘면 상사의 반응이 별로일 가능성이 높다. 심리학에서는 이를 점화 효과Priming effect라고 한다. 먼저 제시된 말이 나중에 제시된 말에 영향을 주는 현상이다. 그만큼 내용의 순서는 무시할 수 없다.

기획에는 '문제-해결, 기회-창출, 이슈-옵션(대안)'이라는 대략 세 가지의 흐름이 존재한다. 우리가 하는 대부분의 기획은 문제-해결의 구조이다. 어떤 문제가 발생했는데, 이를 어떻게 해결해야 할지에 대해 기획하는 것이다. 조직 문화에 대한 불만으로 신입 사원의 퇴사율이 높다고 생각해보자. 문제-해결 구조에서는 문제에 대한 근본 원인을 파악한다. 원인 분석 후 신입 사원 멘토링 제도 도입, 상하간의 수평적 커뮤니케이션 활성화 등의 방안을 제시한다. 이런 문제-해결의 흐름에 따른 기획안의 목차는 다음과 같다.

- ✔ 배경 및 목적
- ✔ 현황 분석
- ✔ 문제점 및 원인 분석
- ✔ 개선 방향
- ✔ 개선 과제
- ✔ 세부 실행 계획
- ✔ 추진 조직 및 업무 분장
- ✔ 소요 예산 및 필요 자원
- ✔ 기대 효과

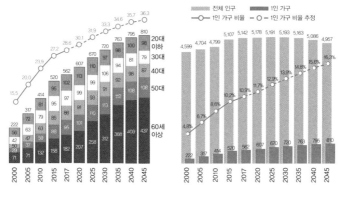

그림 38. 전체 가구수 및 인구 대비 1인 가구 비중(단위: 만 가구, 만 명, %)

두 번째는 기회-창출 구조다. 환경 변화에 따라 기업이 새롭게 만들 수 있는 사업이나 수단을 찾을 때 사용한다. [그림 38]을 보자. 전체 가구수 대비 1인 가구 비중은 2000년도 이후 급증하고 있다. 이후에도 계속 증가가 예상된다. 기업들은 이런 변화에 대응해 어떤 기회를 창출할 수 있을까?

산업별로 다양한 기획이 가능하다. 식품업계는 혼밥과 혼술을 위한 상품을 만들 수 있고, 유통업계는 1인 가구들이 오프라인 매장보다 온라인 쇼핑을 즐기므로 이커머스 사업을 강화할수 있으며, 여행업계는 싱글족을 위한 여행 상품을 개발할 수 있다. 이런 솔로이코노미의 부상에 따라 산업별로 다양한 기회 활용 수단을 제시하는 기획이 가능하다. 그럼, 기회-창출의 흐름에 따른 기획안의 목차는 어떻게 구성될까?

- ☑ 배경 및 목적

- ☑ 환경 분석

- ☑ 기회 발굴

- ☑ 제품 및 서비스 콘셉트

- ☑ 추진 전략

- ☑ 세부 추진 과제

- ☑ 기대 효과

마지막으로 이슈-옵션 구조이다. 조직 내 이슈를 해결할 다양한 선택지를 제시하는 구조이다. 예를 들어, 경력 사원 교육을 진행해야 하는데 갑자기 예약한 장소에서 진행하기 어려워졌다. 그러면 왜 해당 이슈가 발생했는지, 해당 이슈를 해결하기 위한 방향성과 그에 따른 선택지(두세 가지의 새로운 장소)를 제시해야 한다. 선택지는 가격, 위치, 시설 등을 가지고 평가한다. 그 후 하나의 장소를 선정한다. 이런 이슈-옵션 구조는 문제-해결 구조와 유사하지만 선택지를 제시한다는 점에서 다르다. 이슈-옵션의 흐름에 따른 기획안의 목차는 다음과 같다.

- ☑ 검토 배경

- ☑ 이슈 분석

- ☑ 옵션 도출 및 선정

☑ 향후 추진 일정

　개략적인 목차가 구성되었다면, 그다음은 어떻게 해야 할까? 전체적인 기획의 흐름이 잡혔기 때문에 어떤 관점에서 기획서 세부 항목을 바라볼 것인지를 생각해야 한다. 즉, 폭포에서 물이 떨어지듯이 하나의 분석 틀이 정해지면, 분석 틀을 계속 세분화하면서 분석 대상을 구체화한다. 예를 들어, 환경 분석을 한다고 생각해보자. 그러면 외부와 내부로 관점을 나누고, [그림 39]처럼 외부 환경은 정부 정책, 사회 문화, 경제, 기술의 관점에서 바라볼 수 있다. 정부 정책은 국정 과제, 중앙 부처 정책 관점에서 바라본다. 이렇게 세부 관점들을 설정해가며 자신이 말하고자 하는 내용에 대한 논리적 근거를 계속 쌓아간다. 그러다 보면 기획서의 뼈대가 만들어지고 기획서의 흐름이 한눈에 들어오게 된다.

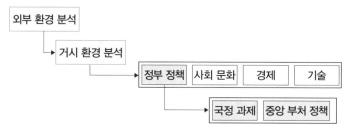

그림 39. 폭포수처럼 관점 설정

5. 시각화로 관점 표현하기

A의 일부는 B, B의 일부는 A, A의 일부는 C, C의 일부는 A, B의 일
부는 C, C의 일부는 B

위 내용이 머릿속에 그려지는가? 어려운 것은 아니지만 한번 찬찬히 생각하게 된다. 그런데 이를 [그림 40]처럼 벤다이어그램으로 표현한다면 어떨까? 논리학자 존 벤John Venn의 벤다이어그램은 어떤 대상 간의 포함 관계를 시각적으로 표현해내는

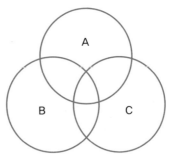

그림 40. 벤다이어그램

매우 유용한 도구이다.[10] 여기서 핵심은 벤다이어그램이 아니라 문장을 이미지로 표현한 것이다.

기획에서 시각화는 매우 중요하다. 기획안은 한 번에 사람들의 마음에 꽂혀야 하고, 많은 유명한 기획안들이 이를 잘 보여준다. 그런데 한 번에 사람들의 마음을 사로잡으려면 문자만으로는 힘들다. TV나 SNS의 인생 문구들은 글로만 보여줘서는 한 번에 와 닿지 않는다. 그래서 이미지나 영상을 함께 보여주어 그 글이 어떤 의미인지 짧은 시간 안에 전달해줘야 한다.

다음은 한 광고에 나오는 내용이다.

대리가 됐을 때도
과장이 됐을 때도
이렇게까지 어깨가 무겁지 않았다
아빠가 되는 게
최고의 승진이기 때문일까
나를 아끼자

동아제약 박카스의 '나를 아끼자'라는 광고의 '최고의 승진' 편이다. 많은 아빠가 이 광고를 보고 공감했을 것이다. 하지만 이 광고를 글로만 본다면 공감의 정도가 떨어진다. 우리가 이 광고에 공감하는 이유는 글이 영상과 함께 나오기 때문이다. 이 광

그림 41. 박카스 광고 '최고의 승진' 편

고의 영상을 보다 보면 직급이 올라가면서 느끼는 책임감도 무겁지만 목마를 탄 아이를 보면서 아빠의 역할이 얼마나 힘든지 공감하게 된다.

　기획에서 시각화가 중요한 것은 알겠는데, 어떻게 해야 시각적으로 성공한 기획안이 될까? 무조건 텍스트를 도형, 차트, 이미지로 만들면 되는 걸까? 그러면 사람들에게 내가 원하는 기획의 그림이 전달될까? 시각화를 위해서는 먼저 관찰이 필요하다. 관찰을 통해 어떤 관점에서 시각화할지를 정해야 한다.

　셜록 홈스는 "자네는 사물을 보기만 하고 관찰하지 않는군. 본다는 것과 관찰한다는 것은 크게 다른 거야"라고 말한다. 셜록 홈스가 말한 본다는 것과 관찰한다는 것의 차이는 무엇일까? 나는 관점이 있느냐, 없느냐의 차이라고 본다. 이 관점은 기본적으로 내가 그 대상을 어떻게 생각하는지다.

예를 들어, '신뢰'라는 단어를 그림으로 보여준다고 하자. 여러분은 어떤 그림을 그릴 것인가? 모든 사람이 같은 그림을 그릴까? 그렇지 않다. 평소 '신뢰'에 대한 자기 생각에 기초하여 그림을 그린다. 그 생각이 곧 '신뢰'라는 단어를 바라보는 관점이다.

'신뢰'라는 단어를 머릿속으로 10초 동안 생각해보자. 떠오르는 이미지가 있는가? 이 테스트를 해보면 많은 직장인이 악수하는 모습을 생각한다. 비즈니스에 익숙한 사람들은 악수를 신뢰로 생각하기 때문이다. 하지만 비즈니스와 관련 없는 사람에게 신뢰는 어떤 이미지로 다가올까? 어떤 사람은 하트 모양이 생각날 수 있고, 또 다른 사람은 반려동물과 교감하는 모습을 떠올릴 수 있다.

이 책의 주제인 '기획'은 어떻게 표현할 수 있을지 한번 생각해보자.

기획서, 아이디어, 의사결정, 실행, 구상…

사람에 따라 기획을 바라보는 관점이 다르다. 어떤 사람은 아이디어에 초점을 두지만, 또 다른 사람은 기획서 자체에 무게를 둘 수 있다. 그럴 경우, 기획은 다른 이미지로 표현된다. 아이디

그림 42. 아이디어와 기획서에 중점을 둔 이미지

어에 중점을 두는 사람은 [그림 42]처럼 사람의 두뇌나 전구를, 기획서를 생각한 사람은 문서를 그린다.

결국 시각화는 단순히 그림을 그리는 작업이 아니다. 자신이 대상을 어떤 관점에서 바라보는지를 보여준다. 이를 통해 시각적 의사소통이 이루어진다. 머릿속으로 생각한 것이 그대로 상대방에게 전달되면 좋지만 글자는 한계가 있다. 그러므로 자기 생각을 이미지로 전달하여 소통의 오류를 미리 막아야 한다.

우리가 알고 있는 유명한 사람들도 이런 시각화를 즐겼다. 레오나르도 다빈치Leonardo da Vinci는 다양한 스케치를 남겼고 이런 스케치는 뭔가를 만드는 데 기초가 되었다. 특히 다빈치가 남긴 해부학 노트에는 다양한 관점에서 스케치한 그림들이 담겨 있다. 예를 들어, 몸통과 사지를 앞뒤뿐만 아니라 측면에서 본 모습까지 그려놓았다. 다빈치는 "지식을 제대로 전달하고 싶을 때 여러 방향에서 본 모습을 그림으로 나타내면 이처럼 간단하다. 그런데 다른 방법으로 전달하려고 하면 오랜 시간을 들여 지

루하고 헷갈리는 긴 문장을 써야 한다"라고 말했다.[11]

알베르트 아인슈타인Albert Einsteine도 마찬가지였다. 그는 사고를 할 때 언어 그 자체보다는 상상을 통해 이미지를 떠올렸다고 한다. 그리고 그 이미지가 그려지면 그때 언어로 생각했다고 한다.[12]

만약 여러분이 사람들의 공감을 받는 기획을 하고 싶다면, 먼저 자기 생각을 정리한 다음 어떤 관점에서 그 주제에 접근할지 고민해야 한다. 그 후, 시각화하는 작업이 필요하다. 그렇지 않으면 단순히 글자를 그림으로 전환한 것에 불과하다.

6. 비주얼 스토리 그리기

    회의 후, 상사가 말한 내용을 바탕으로 기획서를 작성했는데 "이건 내가 말한 내용이 아니잖아" "내 말은 이게 아니고…" "내가 원한 건 이런 식으로 작성하기를 바란 거지" 등의 이야기를 한다면? 분명 같은 공간에서 회의하고 업무 지시를 받았는데 왜 이런 일이 생기는 것일까?

    상사의 지시 내용이 불명확해서? 상사의 의도를 다르게 해석해서? 더 근본적인 이유는 같은 내용도 상사와 직원이 다른 관점에서 보기 때문이다. 이런 불필요한 커뮤니케이션의 오류를 없애려면 어떻게 해야 할까? 가장 좋은 방법은 산출물의 예상되는 이미지를 가지고 커뮤니케이션을 하는 것이다.

    직장인들은 소통을 어려워한다. 그 이유를 조사해보니, '말이나 글로만 설명하는 데 한계가 있어서'가 54.6%로 가장 많았다.[13] 그다음으로는 '상대가 원하는 것이 천차만별이라서'(37.9%), '상대의 이해력이 떨어져서'(32.7%), '주의 깊게 듣지 않아서'(16.7%), '이야기할 때 핵심을 빼나서'(10.2%) 순이었다.

이러한 결과는 텍스트가 아니라 이미지로 커뮤니케이션이 필요하다는 점을 말해준다. 애니메이션에서는 스토리별 장면을 스케치하고 따로 글을 쓰지 않은 채 그림으로 그려 스토리를 순서대로 붙이는데, 이를 스토리보드라고 한다. 기획서도 마찬가지다. 파워포인트로 기획서를 만든다고 했을 때, 10장의 슬라이드를 만들면 각각의 슬라이드를 어떤 식으로 채울지가 속에 있어야 한다.

예를 들어, 생수 시장 규모가 지속해서 증가하고 있다는 스토리라인은 어떻게 표현할 수 있을까? 시장이 성장하는 그림과 이를 설명하는 내용이 있어야 한다. 그러면 [그림 43]과 같은 스토리보드가 나온다.

이런 스토리보드를 만들려면 먼저 스토리라인이 필요하다. 기획서 한 장 한 장에 어떤 메시지를 담을지, 어떤 관점에서 메시

그림 43. 생수 시장 규모 증가에 대한 스토리보드

지를 제시할지를 정해야 한다. 그래야 그래프, 표, 도형 등을 활용하여 예상되는 이미지를 만들 수 있다. 그다음에는 어떻게 해야 할까? 스토리라인 슬라이드 본문의 내용이 논리적으로 연결되는지 검토한다.

그런데 데이터가 없어 어려울 때는 어떻게 해야 할까? [그림 44]와 같이 일단은 예상 스토리라인에 맞춰 자신이 구성하고 싶은 내용을 이미지로 표현해놓는다. 향후 데이터를 찾거나 대체할 내용이 있을 때, 해당 슬라이드를 작성하면 된다. 즉, 부족한 부분은 상상력을 동원해 기획서를 만들어가면 된다. 이때 상상력은 앞서 말한 '가설 사고'다.

스토리보드를 작성하는 이유는 세 가지다. 첫 번째는 스토리보드를 통해 기획서의 논리를 명확하게 하기 위해서다. 기획서에 논리가 있어야 다른 사람에게 자신의 기획을 주장할 수 있고, 그 근거 또한 명확하고 자신 있게 제시할 수 있다. 스토리보드를

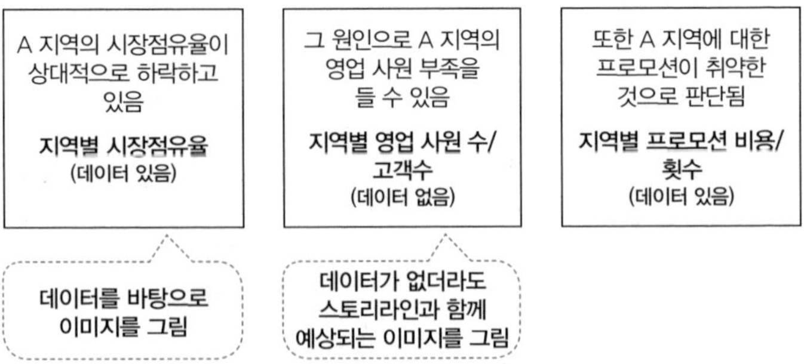

A 지역의 시장점유율이 상대적으로 하락하고 있음	그 원인으로 A 지역의 영업 사원 부족을 들 수 있음	또한 A 지역에 대한 프로모션이 취약한 것으로 판단됨
지역별 시장점유율 (데이터 있음)	**지역별 영업 사원 수/ 고객수** (데이터 없음)	**지역별 프로모션 비용/ 횟수** (데이터 있음)

데이터를 바탕으로 이미지를 그림

데이터가 없더라도 스토리라인과 함께 예상되는 이미지를 그림

그림 44. 데이터 부재 시, 스토리라인과 스토리보드 구성 방안

작성하다 보면 논리의 문제점이나 허점을 발견할 수 있다. 이를 가다듬다 보면 자기 생각을 더욱 명료하게 정리하고 구조화할 수 있다. 두 번째는 기획서의 세부 내용 작성을 위한 필요 데이터가 무엇인지 확인이 가능하다. 그래프, 표 등에 들어갈 데이터를 생각할 수 있다. 마지막으로 구성원과 명확한 커뮤니케이션이다. 다양한 구성원이 참여하는 경우, 기획서의 방향과 논리에 대한 상호 공감대를 쉽게 형성할 수 있다. 이는 산출물을 구체화하여 불필요한 작업을 방지한다.

다음 스토리라인으로 스토리보드를 한번 만들어보자. 총 네 개의 스토리라인이 있는데, 각 스토리라인에 맞는 스토리보드를 생각해보자.

- ☑ 자사 서비스 이용자 수는 2015년 이후 계속 증가하고 있다.
- ☑ 하지만 경쟁사들은 신규 서비스를 통해 시장에서 자사 대비 인지도를 높이고 있다.
- ☑ 이 때문에 자사의 시장점유율은 2015년 35%에서 2019년 15%로 급감하였다.
- ☑ 고객 대상 서비스 핵심 요소 조사 결과, 특화 상품, 다양한 맞춤 기능, 실시간 제품 업데이트, 가격순으로 나타났다.

작성해봤다면, 자신의 스토리보드와 다음 [그림 45]의 스토리보드를 비교해보자. 특히 보는 사람이 얼마나 빠르게 핵심을 파악할 수 있는가에 중심을 두고 생각해보자.

자사 서비스 이용자 수는 2015년 이후 계속 증가하고 있다.

2015 2016 2017 2018 2019

하지만 경쟁사들은 신규 서비스를 통해 시장에서 자사 대비 인지도를 높이고 있다.

인지도
경쟁사
자사

이 때문에 자사의 시장점유율은 2015년 35%에서 2019년 15%로 급감하였다.

2015   2019

고객 대상 서비스 핵심 요소 조사 결과, 특화 상품, 다양한 맞춤 기능, 실시간 제품 업데이트, 가격순으로 나타났다.

그림 45. 스토리라인에 따른 스토리보드 구성

7. 숫자의 핵심은 비교 관점

'인공지능 기반 맞춤 서비스.' 요즘 출시되는 서비스들은 대부분 이런 콘셉트를 가지고 나온다. SK텔레콤에서 출시한 음악 플랫폼 플로 또한 그렇다. 플로는 '내가 원하는 음악이 물 흐르듯 끊임없이 흘러나온다'는 의미다. 음악 플랫폼 하면 인기차트가 생각난다. 하지만 이 플랫폼은 이용자가 들었던 음악 이력을 기반으로 이용자 취향을 분석하여 음악을 추천해준다. 이런 추천 서비스는 수많은 데이터를 다양한 맥락으로 분석한다.

이런 데이터의 핵심은 숫자다. 숫자는 기업에서도 중요하지만 사실 일상생활에서도 매우 중요하다. 쉬운 예로 초등학생 아들이 엄마에게 친한 친구랑 놀러 간다고 용돈을 좀 달라고 하는 장면을 상상해보자. 그런데 엄마가 만 원을 주었다고 하면 아들은 어떻게 말할까?

"엄마, 이게 뭐야, 만 원밖에 안 되잖아!"

"만 원이면 많지. 이게 적니?"

"엄마, 나 놀러 간다고. 놀러 가는데 더 줘."

"도대체, 얼마를 달라는 거야?"

"몰라, 더 많이 줘…."

이런 대화가 20여 분간 지속된다고 생각해보자. 아마도 엄마와 아들은 말다툼만 하다가 서로 기분만 상할 테고, 아들은 더 많은 돈도 받지 못할 것이다. 만약 초등학생 아들이 "엄마, 나 2만 원이 필요해"라고 했으면 어땠을까? 분명, 지금보다는 좋았을 것이다. 어떤 결과가 나오든지 말이다. 이처럼 숫자는 커뮤니케이션에 있어 중요하다.

파리바게뜨, 던킨 브랜드를 가지고 있는 SPC 그룹은 2012년부터 날씨 자료와 점포별 상품 판매 자료를 활용하여 '날씨 판매 지수'를 만들어 상품의 매출 변화를 예측하고 있다.[14] 과거에는 감(感)으로 매장 제품의 판매를 예측했지만 이제는 날씨 판매 지수를 활용하여 상품 예측을 체계적으로 하는 것이다. 여기서도 핵심은 숫자다.

[그림 46]에 제시된 판매 지수를 살펴보자. 27도 이상의 맑은 날씨일 때는 샌드위치, 20도 전후의 비 오는 날씨에는 피자빵이 잘 나간다. 만약, 상사가 날씨와 관련해 "요즘은 어떤 빵이 잘 나가지?"라고 묻는다면 어떻게 대답하는 게 좋을까? "날씨가 좋

날씨 (최고 기온 · 강수 유무)	피자빵	샌드위치	찹쌀 도넛
27도 이상(맑음)	−3	10	0.5
20도 전후(비 50mm)	7	−2	−1
12도 이하(맑음)	3	−7	2

그림 46. 7~10월 평균 매출 대비 판매 증감률(%)

아서 샌드위치가 잘 나가는 것 같아요"라고 하는 게 좋을까? 그보다는 수치를 넣어 "날씨가 따뜻해서 샌드위치가 잘 나가는 것 같아요. 보통 낮 기온이 27도 이상이면 샌드위치가 잘 나가더라고요"라고 하는 게 낫지 않을까? '따뜻하다'는 것은 주관적이다. 매장 상품 전략에 적용하기 어렵다. 그래서 수치를 제시하면 매장의 상품 전략을 표준화해 제시할 수 있다. 서로 간에 불필요한 논쟁도 사라진다.

숫자의 중요성에 대해 좀 더 이야기해보자. 회사에서 긴급한 이슈로 회의가 열릴 때 수많은 이야기가 오가는데, 이런 경우 주관적 의견만 제시해서는 회의가 끝나지 않는다. 구체적인 수치를 활용해서 의견을 제시해야 설득력도 있고 회의도 쉽게 끝날 수 있다. TV 토론 프로그램인 〈100분 토론〉을 보면 의견이 대립하는 사람들이 자신의 주장을 관철시키려고 할 때면, "이 자료에 따르면… 대략적인 수치는 ○○○다"라고 말한다. 사람들은 왜 자료의 출처까지 언급하며 수치를 제시할까? 구체적인 숫자는 상대방에게 반론의 여지를 주지 못하기 때문이다.

기획서에서는 숫자가 어떤 역할을 하는지 보자. 예를 들어, 전략 애플리케이션 투자 방향 설정과 관련한 기획서에 '현재 전략 애플리케이션의 시장점유율은 낮은 것으로 판단됨'이라고 적혀 있다. 그런데 구체적인 숫자가 없다. 상사는 어떤 생각이 들까? 속으로 이런 생각을 하지 않을까?

도대체 시장점유율이 얼마나 낮다는 거야?
얼마나 낮은지 알아야 방향을 설정할 거 아니야?

반대로 구체적인 시장점유율 숫자가 나오면 어떨까? 상사는 전략 애플리케이션 방향과 관련해 더 투자할지 말지를 결정할 수 있다. 예를 들어, 해당 애플리케이션 시장은 수많은 중소개발사로 구성되어 시장을 압도하는 회사가 없는 상황이다. 이때 상사에게 8%라는 수치를 제시한다면 어떨까? 상사는 아마 전략 애플리케이션에 대한 투자를 지속하는 방향으로 의사결정을 할 가능성이 크다. 8%라는 수치가 이렇게 파편화된 시장에서는 의미 있는 수치이기 때문이다.

사실 의사결정을 해야 하는 상사에게는 정확한 숫자가 필요한 게 아니다. 전체 시장에서 자사의 위상을 대략 판단할 수 있는 개략적인 숫자면 된다. 의사결정을 위한 최소한의 근거이기 때문이다. 그런데 숫자 없이 화려한 수식어와 애매한 텍스트로 가득찬 기획서라면 어떨까? 상사는 어떻게 해야 할지 감을 잡지 못할 것이다.

그런데 숫자를 활용할 때 유념해야 할 게 몇 가지 있다. 숫자는 모두 상대적이라는 점이다. 숫자 그 자체도 중요하지만 숫자에 대한 비교 관점이 더 중요하다. 비교 관점에 따라 수치의 높고 낮음이 달라지기 때문이다.

2019년 입사한 신입 사원의 1년 내 퇴사율이 20%라고 하자. 이 수치는 높은 것일까, 낮은 것일까? 만약 2018년도의 퇴사율이 15%였다면 높은 수치가 되지만, 최근 3년간 평균이 25%였다면 오히려 낮은 수치가 된다. 비교 관점을 경쟁사로 바꿔보자. 경쟁사가 10%라면 어떨까? 자사의 퇴사율이 매우 높은 수치가 된다. 이처럼 숫자는 비교 관점을 어디에 두느냐에 따라서 의미가 달라진다. 모호한 내용을 구체적으로 정의할 때 숫자는 중요하지만, 숫자를 제대로 활용하려면 비교 관점을 잊지 말자.

다음은 과장된 수치 사용의 예이다. 시장점유율이 800%나 성장했다는 보고서를 본 적이 있는데, 매출도 아니고 시장점유율이 이 정도라면 실로 엄청난 성장이었다. 그래서 도대체 어떻게 시장점유율이 1년 동안 800%나 성장했을까 궁금해서 보고서를 자세히 들여다보니, 작년 시장점유율이 1%였는데 올해는 8%가 되었다는 것이다. 8%의 시장점유율은 분명 긍정적 성과지만 굳이 그렇게 표현했어야 할까? 시장점유율 7% 증가라고 해도 되지 않았을까?

"숫자는 그 자체로는 아무런 의미가 없고 그 숫자를 어떻게 해석하느냐가 중요하다. 문제와 직접 관련된 정확한 숫자라도 잘못 해석하면 엉뚱한 결론을 낳을 수 있다"는 점을 유념하자.[15]

8. 어떤 선택지를 제시할 것인가?

원 페이지 기획서는 많은 내용을 압축하느라 다양한 대안 검토를 놓치는 경우가 많다. 방향이 확실하게 잡혀서 해당 방향에 맞춰서 기획하는 경우라면 상관없지만, 보통 기획은 일을 실행하는 과정 속에서 이뤄지기 때문에 다양한 선택지가 나오기 마련이다. 기업의 비전을 설정할 때도 마찬가지다. 비전의 다양한 요소 중에 어디에 중점을 두느냐에 따라 기업의 방향이 달라진다. 업계 포지션에 중점을 둘지, 순위나 매출에 중점을 둘지에 따라 비전 문구가 수십 개 만들어질 수 있다.

결국 기획은 초기 방향을 설정하는 과정이다. 확실한 하나의 대안을 제시할 수도 있지만 때로는 다수의 대안을 검토해야 할 때가 있다. 예를 들어, 조직 내 IT 솔루션 도입 필요성에 대해 기획한다고 생각해보자. 기획안의 구성은 대략 다음과 같다.

☑ IT 솔루션 도입 검토 배경

- ☑ 조직 내 분야별 IT 수준

- ☑ 조직 내 IT 솔루션 적용 분야

- ☑ 국내외 IT 솔루션 검토

- ☑ IT 솔루션 도입 비용 및 기대 효과

- ☑ 향후 추진 일정

하지만 이 기획에서는 하나의 솔루션을 제시하지 않는다. 왜냐하면 기업은 의사결정을 할 때 다양한 대안 중 하나를 선택하기 때문으로, 기획안에서는 다수의 솔루션을 제시하고 각 솔루션을 평가해야 한다. 이 평가에서는 관점이 중요하다. 솔루션을 어떤 측면에서 바라보는지에 따라 평가 요인과 결과가 달라지기 때문이다. 일반적으로 솔루션에 대한 평가 요인은 업체의 신뢰도(레퍼런스), 솔루션 가격, 유지 보수 비용, 성능spec, 내부 시스템과의 정합성이다. 평가는 5점 만점이나 동그라미를 활용해 문차트로 할 수도 있다. 그리고 추천하는 하나의 안을 제시하면서 [그림 47]과 같은 표를 보여준다.

많은 기획안에서 이렇게 대안을 비교 분석한다. 신제품을 개발한다고 하더라도 어떤 제품을 먼저 개발할지, 다수의 콘셉트 중 어떤 콘셉트로 진행할지, 유통은 온라인으로 할지, 오프라인으로 할지 등을 검토한다. 왜냐하면 기획은 방향을 설정하는 작업이기 때문이다.

구분	솔루션 A	솔루션 B	솔루션 C
신뢰도(레퍼런스)			
솔루션 가격			
유지 보수 비용			
성능spec			
내부 시스템과의 정합성			
평가			

그림 47. IT 솔루션 대안 검토 양식

　기획을 할 때는 자신이 어떤 관점에서 기획하는지를 반드시 알고 있어야 한다. 다른 관점에서 나올 수 있는 대안도 생각해볼 수 있기 때문이다. 집 안에서 사용하는 제품을 구상하더라도 해당 제품을 라이프스타일 관점에서 볼지, 최첨단 기술이 적용된 스마트 제품으로 볼지, 혹은 두 관점을 복합적으로 적용할지에 따라 제품의 콘셉트나 마케팅 방향이 달라진다. 지금은 많은 제품이 IT 기반으로 개발되지만 그렇다 해도 해당 제품의 포지션을 어디에 두느냐에 따라 유통 채널이 달라질 수 있다.

　예를 들어, 스마트 의류를 생각해보자. 구글은 2017년에 이어 2019년 리바이스와 협업해 스마트 재킷Levi's Trucker jacket with Jacquard by Google을 만들었다. 이 재킷은 스마트 섬유인 자카드를 활용해 사람이 왼쪽 소매를 문지르거나 두드리는 등의 행동을 하면 자카드 태그가 이를 인식하고 스마트폰의 여러 기능을 제어하게 된다. 여기에는 전화 및 문자 수신, 음악 재생, 정지, 건너뛰기, 구글 어시스턴트의 날씨나 뉴스 청취 등의 기능이 있다.

만약 이 제품을 쇼핑몰 안에 전시한다면 의류 코너에 해야 할까, 아니면 IT 코너에 해야 할까? 또 고객들은 이 제품을 의류로 볼까, 최첨단 IT 제품으로 볼까? 물론 IT 기능이 현재도 많지만 앞으로 더 많아진다면 이 제품을 어떤 관점에서 봐야 할까? 앞서도 계속 이야기했지만 제품을 어떤 관점에서 보느냐에 따라 기획안에서 검토하는 대안 또한 달라질 수 있다.

이런 대안은 많이 제시하면 할수록 좋은 것일까? 기획안을 보는 사람은 대안이 많이 제시되어 있으면 기획자가 정말 열심히 일했다고 생각할까? 아마도 네 개 이상의 안이 제시되어 있다면 보는 사람은 의사결정에 어려움을 겪을 것이다. 기획안을 작성한 사람도 각 대안에 대한 명확한 차별화가 이루어지지 않아서 비교 분석하는 데 어려움을 겪을 수 있다. 대안이 많아질수록 장

그림 48. 리바이스의 스마트 의류 자카드

단점을 서술하기가 쉽지 않기 때문이다. 그래서 가능한 한 '3의 법칙'처럼 세 개 내외가 가장 좋다.

특히 대안을 제시할 때는 명확하게 상충하는 안을 가지고 설명하는 것이 좋다. 이때 관점이 중요하다. 동일한 관점의 대안을 서너 개 제시하면 쉽게 판단하기 어렵다. 만약 세 개의 안을 제시했다면 세 개의 안을 어떤 관점에서 검토했는지 알려주면 보는 사람이 더 판단하기 쉽다.

예를 들어, 전사 비전 워크숍을 위한 교육 장소를 선정한다고 생각해보자. 그럼 어떤 관점에서 대안을 검토할 수 있을까?

- ☑ 비용이 저렴한 장소
- ☑ 워크숍에 최적화된 강의장
- ☑ 회사와 가까운 장소
- ☑ 자유롭게 생각할 수 있는 공간을 보유한 장소

이렇게 각 대안의 차별성이 명확하다면, 의사결정을 하는 데 쉽지 않을까? 물론 몇 개의 요소를 복합적으로 고려하여 의사결정을 할 수도 있다. 그렇다 하더라도 일차적으로 이런 관점 설정을 통해 우리에게 지금 가장 필요한 사항이 무엇인지 생각해보는 작업이 필요하다. 그 후 그런 콘셉트에 적합한 장소를 찾아보는 것이 더 효율적이다.

정리해보면, 다양한 대안을 제시한다면 차별화된 관점을 고려해야 한다. 그래서 기획안을 검토하는 사람이 대안 간의 차이를 빠르게 파악해 의사결정 할 수 있도록 해야 한다.

9. 원 페이지 기획서, 품질보다 속도

스마트폰 속도 경쟁이 붙었을 때, 과거 한 통신사는 광고에서 "빠름. 빠름. 빠름"이라는 메시지를 담은 적이 있다. 지금은 스마트폰뿐만 아니라 모든 제품의 수명이 짧아지고 있다. 패션산업에서는 유니클로, ZARA, H&M 등 패스트패션 업체가 등장해 시장을 주도하고 있다. 빠른 속도 경쟁은 기업이 시장을 주도한다고도 볼 수 있지만 고객들의 니즈가 그만큼 빠르게 변하고 있다는 의미기도 하다.

[그림 49]는 미국의 소비재 제품의 보급률이다. 우측으로 갈수록 그래프의 기울기가 급격히 증가하고 있다. 이 그래프를 보고 어떤 생각이 드는가? 이 급격한 기울기는 우리가 어떤 제품이나 서비스를 기획할 때, 기획의 정밀함도 중요하지만 타이밍이 얼마나 중요한지를 간접적으로 알려준다.

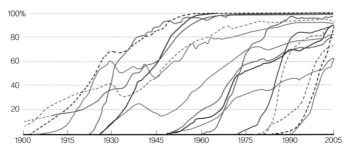

그림 49. 미국의 소비재 제품의 보급률

과거에 전화, 라디오 등의 보급 속도는 느렸다. 하지만 지금은 피처폰에서 스마트폰으로 넘어온 이후, 스마트폰의 확산 속도는 정말 파괴적이다. 카카오뱅크는 또 어떤가? 지금은 어떤 제품이나 서비스의 확산 속도가 너무 빨라서, 얼마나 좋은 아이디어를 가지고 있느냐도 중요하지만 얼마나 빠르게 실행하느냐도 중요해졌다.

이런 '빠름'이 주도하는 세상에서 기획의 생명은 품질Quality보다 전달 속도Delivery다. 품질이 중요하지 않다는 이야기가 아니다. 품질도 중요하지만 전달 속도도 무시할 수 없다는 이야기다. 그래서 일을 할 때, 후배들에게 가끔 이런 말을 한다.

다양한 자료를 검토하여 보고서를 정교하게 만드는 것도 중요해. 하지만 시간 내에 보고서를 작성하는 게 더 중요해. 일단 뭐라도 있는 보고서는 수정할 수 있어. 하지만 아무것도 없는 보고서는 다른 사람과 논의조차 할 수 없어.

프로젝트형 업무일 때는 속도가 더욱 중요하다. 기간 안에 보고서를 작성해야 하기 때문이다. 컨설팅 같은 프로젝트 업무일 때는 보고서에서 세부 항목을 세밀하게 보여주기보다는 먼저 전체적인 큰 그림을 던져준 다음, 세부 항목은 상사나 고객과 조정해가는 것이 필요하다.

업무를 하다 보면 다양한 유형의 사람을 만날 수 있다. 큰 그림을 잘 그리는 사람, 디테일에 집중하는 사람, 커뮤니케이션에 강한 사람, 한 가지 일에 빠져 헤어 나오지 못하는 사람…. 그런데 한 가지 일에 빠지면 헤어 나오지 못하는 사람은 아무리 좋은 품질의 보고서를 보여줄 수 있다고 해도 기한 안에 끝내지 못하면 절대 좋은 소리를 들을 수 없다.

만약 자신이 너무 품질에만 집중한다면 속도를 높일 방법을 생각해봐야 한다. 일단 상사가 원하는 혹은 자신이 하고자 하는 범위에서 크게 벗어나지 않는 상태에서 기획안을 만드는 게 필요하다. 그 후 상사에게 기획안을 보여주고 검토 의견을 들어 수정한다. 상사의 핵심 니즈를 빠르게 파악하여 핵심 사항을 기획안에 담아야 한다. 다음 대화를 한번 보자.

최 팀장 : 김 대리, 이번 하반기에 출시할 스마트폰 콘셉트 기획안은 언제 보고
할 건가?

김 대리 : 현재 자료 조사 중이어서 3주 후에나 가능할 것 같습니다.

최 팀장 : 3주? 지금 시장 트렌드가 얼마나 빠르게 변하는지 몰라? 지금 하루
가 급한데….

김 대리 : 하지만 스마트폰 이용 행태 조사가 생각보다 오래 걸려서 3주 후에
나 스마트폰 콘셉트 설정이 될 것 같습니다. 자사와 경쟁사 스마트폰
이용자 대상으로 각각 1,000명, 총 2,000명에게 약 50문항을 설문
하다 보니 생각보다 시간이 오래 걸리고 있습니다.

위 대화에서 김 대리의 말처럼 스마트폰 이용 행태 조사를 하
는데 자사와 경쟁사 샘플이 각각 1,000명이나 필요할까? 3주라
는 긴 시간 동안 설문 결과를 기다려서 스마트폰 콘셉트를 도출
하는 것은 좋은 방법이 아니다. 오히려 2,000명이나 되는 샘플
수를 줄여서 빨리 기획서를 완성하는 쪽이 더 낫다.

즉, 김 대리는 샘플 수가 결과에 얼마나 큰 영향을 미칠지 생
각해봤어야 한다. 샘플이 많아 조사의 신뢰성이 높은 것도 중요
하지만 시간 안에 원하는 결과물을 내는 것도 중요하다. 경쟁사
보다 먼저 새로운 스마트폰을 출시할 수만 있다면 시장을 선도
하는 업체로서 기반을 다질 수 있기 때문이다. 신제품 출시나 신
사업 기획안은 빨리 기획안을 만들고 파일럿 테스트를 해봐야
하므로 속도가 더욱 중요하다.

그래서 기획 일정을 짤 때도 가능한 한 마감일을 정해놓고 역

순으로 일정을 짜는 연습이 필요하다. 업무 중심으로 일정을 설계하다 보면, 마감일에 맞추지 못하는 경우가 다반사이기 때문이다. 역순으로 짜면서 일정이 부족하면, 그때 어떻게 일을 효율적으로 해야 할지 고민하는 것이 낫다.

　기획의 궁극적인 목적을 생각해보자. 기획은 문서 작업이 아니다. 아이디어를 구체화하여 문서로 만들고 보고를 통해 '실행'을 하는 것이 핵심이다. 기획을 문서로만 접근하면 기획서만 보이게 된다. 기획의 본질은 사라진다.

기획자를 위한 질문 5

- ✔️ 내 기획서에는 상대방이 읽을 만한 가치 있는 내용이 담겨 있는가?

- ✔️ 나는 어떤 관점으로 현황, 문제점, 해결책 혹은 과제 등을 정리하고 있는가?

- ✔️ 기획서를 작성할 때, 질문을 통해 내용을 구체화하는가?

- ✔️ 기획안을 시각화할 때 생각이나 관점이 아니라 이미지나 디자인에만 관심이 있지는 않은가?

- ✔️ 나는 스토리보드를 통해 기획 내용을 시각화하는가?

- ✔️ 기획서에서 두루뭉술한 내용이 아니라 구체적인 숫자로 근거를 제시하는가?

- ✔️ 다양한 관점 검토를 통해 기획안에 옵션을 제시하고 있는가?

- ✔️ 기획을 할 때 속도를 중시하는가, 품질을 중시하는가?

기획력 훈련: 원 페이지 기획서를 작성해보자

머릿속으로 구상한 기획은 결국 기획서로 이어진다. 그리고 원 페이지로 된 기획서는 자기 생각을 압축적으로 전달한다. 그뿐만 아니라 상대방도 한눈에 바로 이해할 수 있게 해준다. 다음은 1인 가구에 대한 기사 내용을 축약한 것이다.[16]

[기사 1]

1인 경제를 뜻하는 '1코노미(1인+이코노미)'가 유통은 물론 IT업계의 화두로 떠오르고 있다. 1인 가구가 계속 증가하면서 1인 가구 시장을 겨냥한 제품이 속속 등장하고 인기리에 판매되고 있다. 통계청 조사에 따르면, 우리나라 2030년 전체 가구의 1/3이 1인 가구가 될 것으로 예측돼 시장 크기는 더욱 커질 전망이다. 1인 가구의 증가 원인에는 소득의 증가로 경제적인 자립이 늘어난 점과 고령화 때문에 가족이 해체되면서 자연스럽게 1인 가구가 늘어나는 현상, 결혼 가치관이 변하면서 결혼을 '필수조건'이 아닌 '선택'으로 보는 경향 등을 꼽을 수 있다.

LG전자는 1인 가구 수가 점차 늘고, 소비자들이 디자인을 중요하게 생각하는 트렌드에 주목해 '룸앤 TV(Room&TV)'를 내놨다. 룸앤 TV는 27인치형 TV 겸용 모니터로 '내 방과 어울리는 TV 모니터'라는 의미로 제작된 것이 특징이다.

퀵서비스 기반 배송 서비스 미트퀵을 선보인 정육 전문 스타트업 육그램은 1인 가구 시장을 정조준한 미트샘플러를 최근 선보였다. 미트샘플러는 소고기의 다양한 특수 부위를 경험하고 자신의 취향을 찾아볼 수 있도록, '인생 고기 찾기 수첩'과 함께 여섯 종의 특수 부위를 담아 판매하는 육그램만의 아이템이다.

세탁특공대는 내가 원하는 시간대에 빨랫감을 수거해 세탁해주는 앱으로 1인 가구 시대와 맞물려 인기다. 세탁특공대는 호텔 제휴 세탁소 및 신발 전문 세탁소 등과 연계하여 다양한 옷과 신발을 맡길 수 있다. 주문과 결제를 할 수 있고 진행 상황을 스마트폰으로 확인하거나 옷을 수거하고 받는 시간을 정할 수 있다.

[기사 2]

일단 1인 가구의 특징은 어느 정도 경제적 여유가 있다는 점이다. 혼자 사는 것의 필수요소는 든든한 경제력이다. 그러려면 당연히 직업이 있어야 한다. 직업이 없으면 부득이하게 부모와 같이 사는 경우가 많다. 1코노미의 필수요소는 바로 경제력이며, 이것이 소비와 직결되고 활발한 경제활동이 일어나는 것이다.

최근 국회 예산정책처의 '1인 가구 분석 보고서'에 따르면 30대 연령대의 1인 가구 소득 평균은 266만 원으로 30대 다인(多人) 가구 평균인 253만 원보다 높았다. 1인 가구 소득이 높은 이유는 '화이트칼라' 비중이 높기 때문으로 분석된다. 30대 1인 가구의 화이트칼라 비중은 62.3%로 다인 가구(51.7%)보다 높게 나타났다. 전반적으로 소득이 높은 데다가 부양가족이 없어 소비에 집중할 수 있는 것이 1코노미의 소비 특징이다. 이 밖에 1코노미 소비 성향의 공통점은 '미니멀리즘(단순함과 간결함을 추구하는 문화)'이다. 복잡할 정도로 많은 기능을 가지고 불필요하게 큰 물품보다 작고 실용적이면서도 핵심적인 기술에 집중한 물품을 선호한다.

기사 내용을 본 후, 여러분이 1인 가구 상품이나 서비스를 출시한다면 어떤 기획을 할 수 있을지 생각해보자.

구분	내용
배경 및 목적	
환경 분석	
기회 발굴	
제품 및 서비스 콘셉트	
추진 전략	
세부 추진 과제	
기대 효과	

당신의 기획에는 어떤 관점이 있는가?

에어비앤비와 쏘카, 이 두 기업은 같을까, 다를까? 전통적인 산업의 카테고리에서 보면 하나는 숙박, 하나는 차량 관련 사업이다. 하지만 공유라는 관점에서 보면 공유 경제를 표방한 대표적 기업이다. 어떤 관점에서 보느냐에 따라 같을 수도, 다를 수도 있는 것이다.

[그림 50]은 〈뉴사이언티스트〉라는 과학 전문지에 실린 것으로, 처음에 봤을 때 누가 보이는가? 아인슈타인 아니면 메릴린 먼로? 아인슈타인과 메릴린 먼로를 합친 하이브리드 이미지인 이 사진은 정상 시력인 사람이 보면 아인슈타인, 근시일 경우에는 메릴린 먼로로 보인다. 안경을 착용한 사람은 안경을 벗고 보면 바로 메릴린 먼로가 보인다. 정상 시력의 경우에도 멀리서 보면 메릴린 먼로가 보인다.

기획은 이런 것 같다. 재료보다 관점이 중요하다. 여러분은 지금까지 어떤 프레임으로 회사의 제품과 서비스를 바라보았는가? 기존 제품이나 서비스를 개선할 때와 신규 제품이나 서비스를 개발할 때 말이다. 기존에 가지고 있던 프레임에서 바라봤다

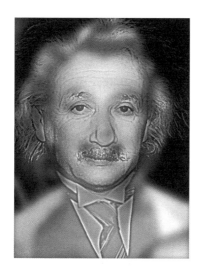

그림 50. 하이브리드 이미지

면 새로운 제품이나 서비스도 결국 그 프레임 안에서 나올 수밖에 없다. 기획이 차별화된 제품과 서비스를 개발하는 것이라면, 그 기획은 처음부터 방향을 잘못 잡은 것일지도 모른다.

바닷가에 가면 불가사리가 많이 있다. 그런데 이 불가사리는 바다 백화 현상의 주범으로 쓰레기 취급을 받는다. 정부는 불가사리를 어민들에게서 수매해 소각하는 데 매년 큰 비용을 쓴다. 이런 불가사리를 다른 관점으로 볼 수 있다면 어떨까? 스타스테크라는 스타트업은 이 불가사리를 가지고 에스코트원이라는 친환경 제설제를 만들었다. 새로운 것은 앞에서도 계속 이야기했지만 기존에 A라는 관점에서 보던 것을 B라는 관점으로 볼 때 만들어진다. 어쩌면 너무 당연한 이야기일지도 모른다. 하지만 그 당연한 것이 사실 노력을 많이 하지 않으면 잘 바뀌지 않는다. 학습된 무기력처럼 말이다.

기획은 관점이다. 기획은 과정이기 때문에 어떤 생각으로 접근하느냐가 중요하다. 새로운 것만 찾으려 하기보다는 기존에 가진 생각을 조금이라도 바꾸려는 노력이 더 중요하다. 그래야 그 기획안이 실행될 때, 좋은 성과를 낼 수 있다.

여러분이 이 책을 끝까지 읽었다면, 다음 질문을 생각해봐야 한다.

"나는 지금 어떤 관점을 가지고 있는가?"
"내가 가지고 있는 관점은 기존과 다른가?"
"앞으로 나는 어떤 관점을 가져야 하는가?"

사람은 누구나 자신만의 관점이 있다. 그러니 의견 차이가 발생하고 그 차이가 새로운 것을 만들어낸다. 지금까지 잊고 있었던 자신만의 관점은 무엇인지 찾아보자.

주석

프롤로그

1. 매년 1월에 미국 라스베이거스에서 열리는 국제전자제품박람회이다. 1967년 처음 시작되었고, 2020년에는 161개국 4,500여 개 업체가 참여하여 고화질 TV, 자율주행차, 항공용 모빌리티, 스마트시티 등이 소개되었다.

1장

1. "'비스포크', 어떻게 신혼부부가 선호하는 브랜드가 됐나", BrandBrief, 2019. 10. 21
2. "퍼즐의 달인 강주현 씨 '퀴즈 만들 때 가장 행복'", 스포츠동아, 2013. 5. 4
3. "글로벌 정보 퍼즐 맞춰 9兆 펀드 굴릴 곳 찾는다", 조선일보, 2013.1.23.
4. 사람, 프로세스, 데이터, 사물 등을 포함한 모든 것이 네트워크, 즉 인터넷으로 연결된 사회를 뜻한다.
5. 니콜라스 카,《생각하지 않는 사람들》(청림출판, 2011)
6. 니콜라스 카, 위의 책, p.283

2장

1. 최인철,《프레임》(21세기북스, 2007), pp. 67~168
2. Kahneman, D., Tversky, A. 1979. "Prospect Theory: An Analysis of Decision under Risk," Econometrica, 47(2), p.279

3. "박리안 부대표에게 묻다! '요괴라면' 어떻게 탄생했나요?", 스타일러주부생활, 2018. 6. 28

4. 바바라 민토, 《논리의 기술》(더난출판사, 2004)

5. 에이미 휘태커, 《아트씽킹》(예문아카이브, 2017), p.107

6. 김윤진, "동네 사람과 거래… 이웃 간 연결 핵심" 마켓에서 출발해 커뮤니티 부활시켜, DBR, Issue 1, No. 284, 2019. 11, p.81

7. 당근마켓 사이트, https://www.daangn.com

8. Bill Gross, "The single biggest reason why start-ups succeed", TED Talks, 2015. 3

9. "학교에서 스마트폰 사용 어려워질까?", 이투데이, 2013. 6. 7

10. "보고서 잘 쓰면 승진 확률 높다", 뉴시스, 2011. 8. 26

11. 피터 드러커 외, 《세계 최고 리더들의 인생을 바꾼 피터 드러커의 최고의 질문》(다산북스, 2017), p.220

12. 배순영, 황미진, "보청기 관련 고령 소비자 불만 동향 및 시사점", 소비자정책동향(제94호), 2018. 10. 31, pp.14~15

3장

1. "죽치는 스터디족 어찌하오리까! 울상 짓는 동네 카페들", 한국일보, 2014. 1. 7

2. "명품시장 '밀레니얼 세대' 통해 대중화된다?", 이코노믹리뷰, 2019. 12. 7

3. 김성모, "작가-소비자 잇는 창작마켓 재구매율 80%가 말하는 '스토리의 힘'", DBR, Issue 2, No. 283, 2019. 10, p.86

4. 위 잡지, p.84

5. 문영미, 《디퍼런트 : 넘버원을 넘어 온리원으로》(살림Biz, 2011), pp.259~260

6. 캠 바버, 《반드시 전달되는 메시지의 법칙》(라이팅하우스, 2019), pp.238~239

7. "스타일러 개발 주역… 세상에 없던 제품 꿈꿔", 매일경제, 2019. 5. 27

8. "국내 최초 새벽배송, 마켓컬리", 2019. 10. 24, https://www.youtube.com/watch?v=ujRxgXo-ovE

9. "제2의 밥솥 '쿠커' 시장이 뜬다", 아시아경제, 2019. 12. 24

4장

1. 게리 클라인, 《인튜이션》(한국경제신문, 2012), p.223

2. 매들린 반 헤케, 《블라인드 스팟》(다산초당, 2007), p.301

3. "[설문] 유명 배우와 감독이 관객의 영화 선택에 미치는 영향은?", 맥스무비, 2013. 3. 7

4. COO, CFO, CTO, CMO 등과 같은 경영진을 가리킨다. 이들은 각자의 분야에서 전문성을 가지며 회사 전반적인 업무와 프로세스를 알고 있어야 한다.

5. 카민 갤로, 《최고의 설득》(알에이치코리아, 2017), p.85

6. "Steve Jobs Introducing The iPhone At MacWorld 2007", 2010. 12. 2, https://www.youtube.com/watch?v=x7qPAY9JqE4

7. "푸드코트에 1인용 식탁이… 새옷 입는 이마트 월계점 가보니", 머니투데이, 2019. 12. 23

8. 낸시 두아르테, 《공감으로 소통하라》(에이콘, 2013)

9. 낸시 두아르테, 위의 책, p.125

10. 카민 갤로, 위의 책, p.84

11. 다카하지 겐타로, 《지지 않는 대화》(라이스메이커, 2016), p.38

12. 아리스토텔레스, 《수사학》(시학, 2017), p.31

13. 다카하지 겐타로, 위의 책, p.45

14. 카민 갤로, 위의 책, p.56

15. "LG, 휴대용 공기청정기 '퓨리케어 미니' 출시", 국민일보, 2019. 3. 20

5장

1. 앨런 제이콥스, 《당신이 생각만큼 생각을 잘하지 못하는 이유》(Korea.com, 2018), p.191

2. 피터 드러커 외, 위의 책, p.38

3. 제리 와이즈먼, 《파워 프레젠테이션》(한언, 2004), p.55~57

4. 매들린 반 헤케, 위의 책, p.196

5. 매들린 반 헤케, 위의 책, p.190

6. 신병철, 《논백경쟁전략》(휴먼큐브, 2017), pp.134~136

7. 도로시 리즈, 《질문의 7가지 힘》(더난출판, 2016), pp.91~103

8. 매들린 반 헤케, 위의 책, pp.79~80

9. 리처드 니스벳, 《마인드웨어》(김영사, 2016), pp.301~302

10. 리처드 니스벳, 위의 책, pp.330~332

11. 토머스 웨스트, 《글자로만 생각하는 사람, 이미지로 창조하는 사람》(지식갤러리, 2011), p.338 재인용

12. 노규식, 《현대인들은 어떻게 공부하는가》(알투스, 2016), p.143

13. "직장인, '상사에게 업무 보고할 때 소통 안 돼'", 시사위크, 2012. 6. 26

14. "하늘만 바라보던 날씨 마케팅… 이젠 빅 데이터 본다", 조선일보, 2012. 11. 15; "비 오면 조리빵, 더우면 크림빵… 날씨에 답 있다", 한국경제, 2018. 7. 2

15. 김진호, "숫자는 정직하다 올바르게 쓸 때만…", Issue 2, No. 189, 2015. 11, p.101

16. "혼자만을 위한 제품 · 서비스 인기… '1인가구를 잡아라'", IT조선, 2018. 3. 14; "'오로지 나만을 위하여' … 당신도 1코노미족인가요?", 애플경제, 2019. 4. 29

그림1 "신개념 프리미엄 식물재배기 첫 공개", LG전자 공식 블로그, https://social.lge.co.kr/newsroom/lg_plants_1226/

그림2 ⊜①◎ Wikimedia Commons

그림3 "비스포크 갤러리", samsung, https://www.samsung.com/sec/bespoke/gallery/?id=gallery

그림4 Shutterstock

그림5 ⊜①◎ Wikimedia Commons

그림6 "요괴라면 상품 페이지", GOING MARY, http://goingmary.co.kr/shop/goods/goods_popup_large.php?goodsno=736

그림8 "모바일 쇼핑 최다 구매 시간은 '밤 11시'", 데일리한국, http://daily.hankooki.com/lpage/economy/201805/dh20180520080023138090.htm

그림12 강병모, 차민형, 커피 전문점 소비자 만족도, '매장 접근성' 높고, '가격 및 부가 혜택' 낮아 (n.p.: 한국소비자원, 2019), p.2

그림13 김태환, "커피 전문점 현황 및 시장 여건 분석", KB 자영업 분석 보고서 3 (2019): p.14

그림16 박찬희, "'경쟁자는 파트너' 공생의 생태계, 그 중심에 서야", DBR 88 (2011): p.20

그림23 "Millennials: The Me Me Me Generation", time, https://time.com/247/millennials-the-me-me-me-generation/

그림24 "로봇쿠커 마스터", 쿠첸, https://www.cuchen.com/shopping/product/view.do?pdSeq=1841&pcCd=EEAF

그림25 김태환, "커피 전문점 현황 및 시장 여건 분석", KB 자영업 분석 보고서 3 (2019): p.7

그림26 "Connect-The-Dots", Utrecht University, https://www.uu.nl/en/research/algorithms/computational-geometry/research-themes/analysis-of-games-and-puzzles/connect-the-dots

그림28 박성우, 박나영, 가정간편식(HMR) 시장 3년 사이 63% 급성장 (n.p.: 농림축산식품부, 2019), p.2

그림38 정인, 강서진, 2019 한국 1인가구 보고서 (n.p.: KB금융지주 경영연구소, 2019), p.9

그림41 "동아제약 박카스 '최고의 승진'편," Youtube, https://www.youtube.com/watch?v=5O0tTK6CamE

그림42 Pixabay

그림46 "하늘만 바라보던 날씨 마케팅 … 이젠 빅 데이터 본다", 조선일보, https://biz.chosun.com/site/data/html_dir/2012/11/14/2012111402840.html

그림48 "JACQUARD™ BY GOOGLE," LEVI'S, https://www.levi.com/US/en_US/jacquard-by-google/c/levi_clothing_jacquard_by_google_us

그림 49 "The Pace of Technology Adoption is Speeding Up," Harvard Business Review, https://hbr.org/2013/11/the-pace-of-technology-adoption-is-speeding-up

그림 50 "Hybrid images: Now you see them," New Scientist, https://www.newscientist.com/article/mg19325971-600-hybrid-images-now-you-see-them/

기획의 고수는 관점이 다르다

1판 1쇄 발행 2020년 5월 11일
1판 2쇄 발행 2020년 7월 30일

———

지은이 박경수

———

펴낸이 강동화, 김양선
펴낸곳 반니
주소 서울시 서초구 서초대로77길 54
전화 02-6004-6881 팩스 02-6004-6951
전자우편 banni@interpark.com
출판등록 2006년 12월 18일(제2006-000186호)

———

ISBN 979-11-90467-54-4 13320

———

책값은 뒤표지에 있습니다. 잘못된 책은 구입하신 곳에서 교환해드립니다.

이 도서의 국립중앙도서관 출판예정도서목록(CIP)은 서지정보유통지원시스템 홈페이지(http://seoji.nl.go.kr)와 국가자료공동목록시스템(http://www.nl.go.kr/kolisnet)에서 이용하실 수 있습니다.(CIP 제어번호: 2020016427)